The Big Idea

민주주의는 실패했는가?

신지식교양인을 위한 민주주의 입문서

Laugh now,
but one day
we'll be
in charge

The Big Idea

Niheer Dasandi

민주주의는 실패했는가?

신지식교양인을 위한 민주주의 입문서

도판 160점 이상

자유의 길
The Roads to Freedom

니이에르 다산디 지음 | 이혜경 옮김

차례

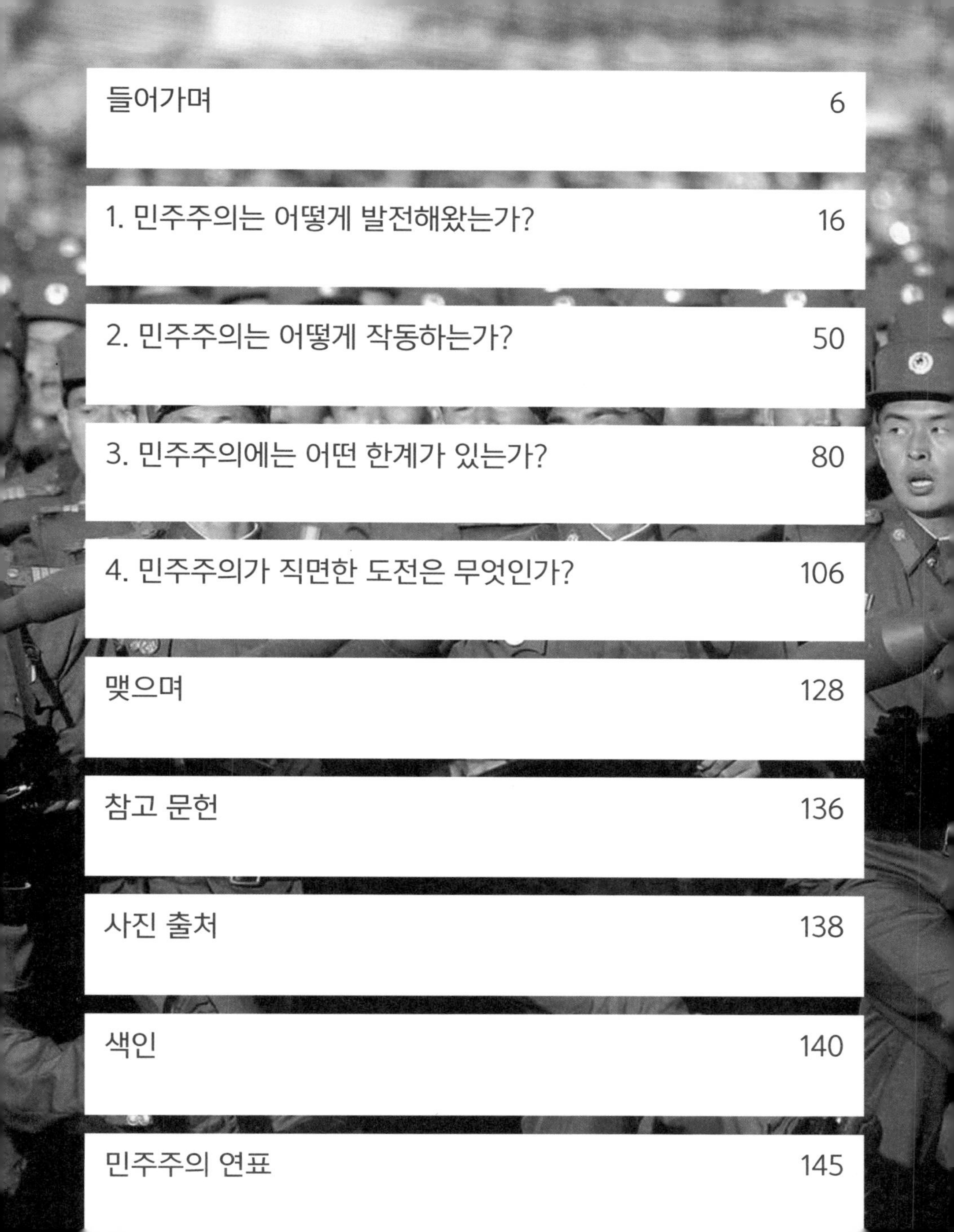

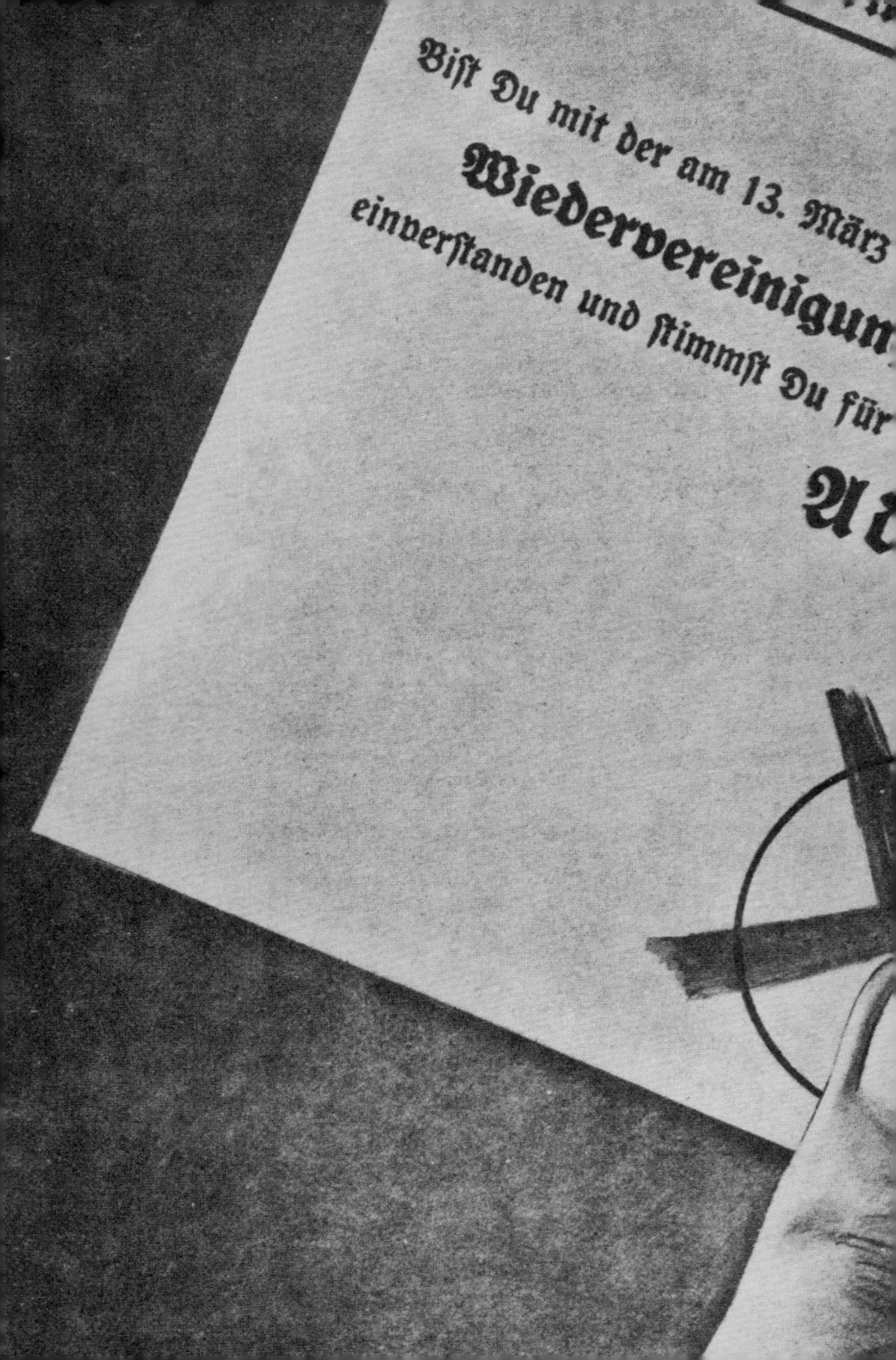
Bist Du mit der am 13. März
Wiedervereinigun
einverstanden und stimmst Du für

들어가며

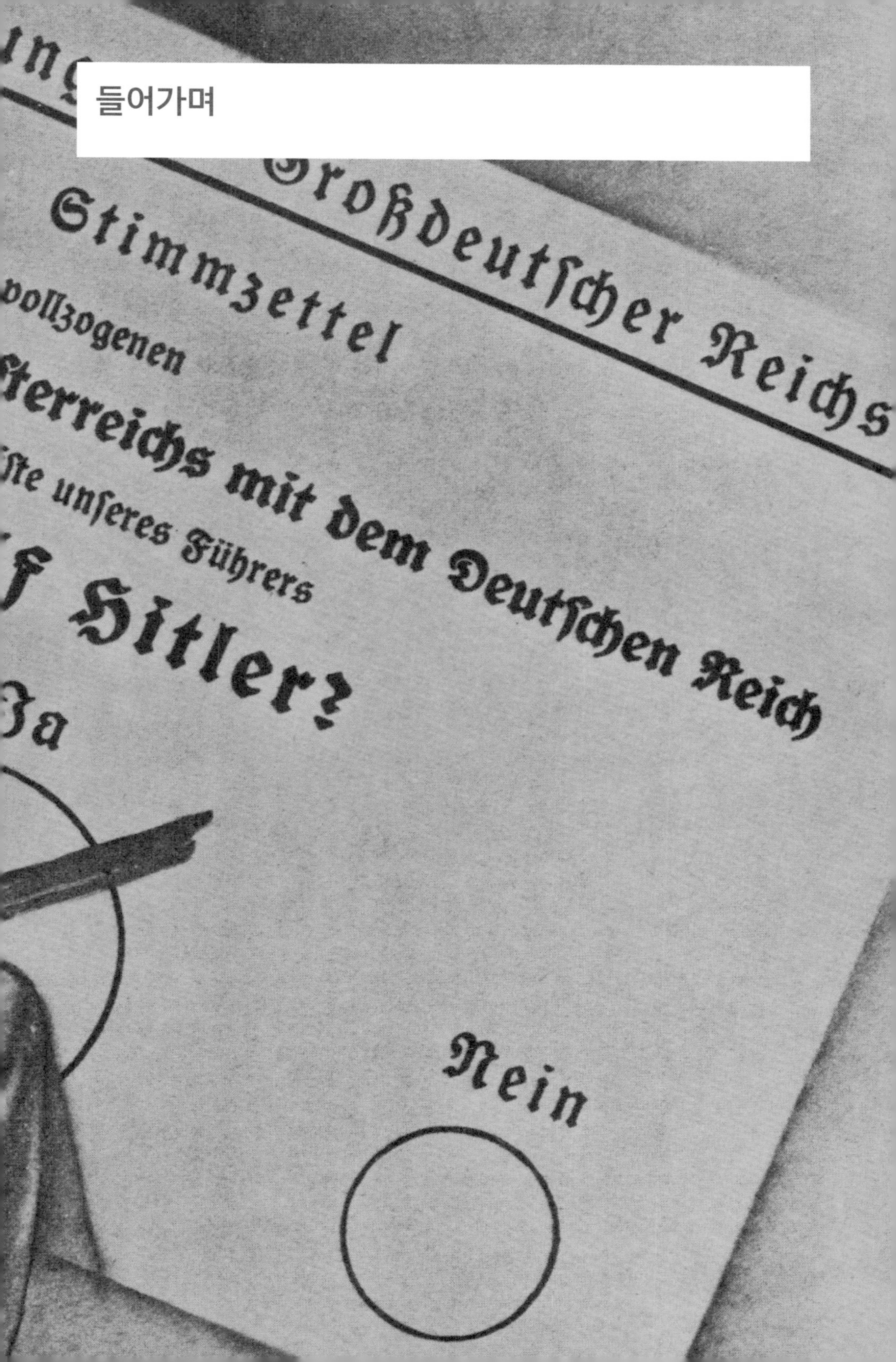

Großdeutscher Reichs
Stimmzettel
vollzogenen
terreichs mit dem Deutschen Reich
ste unseres Führers
f Hitler?
Ja
Nein

A

B

A 1961년 11월 동베를린 국경수비대가 새로 만든 장벽에 가시철망을 설치하고 있다. 냉전기에 베를린 장벽은 물리적 장애물이자, 권위적인 동구와 민주적인 서구를 가르는 이데올로기적 장애물이었다.

B 1961년에 촬영된 베를린 장벽의 모습. 베를린 장벽은 서베를린과 동베를린을 나누던 콘크리트 보호 장벽이었다. 1989년 베를린 장벽 붕괴는 전 세계 많은 사람들에게 민주주의가 다른 통치방식들을 누르고 승리했다는 상징과도 같은 사건이었다.

C 20세기 후반은 민주주의를 시행하라는 요구가 전 세계적으로 급증하던 시대였다. 1989년 중국에서 민주주의를 요구하는 학생시위가 일어났다. 군대는 베이징 천안문 광장에서 시위대를 향해 발포했다. 탱크부대 앞에 서서 탱크가 진군하지 못하도록 가로막고 있는 시위 참가자를 촬영한 이 사진은 권위주의 통치에 맞선 사람들의 결의에 찬 모습을 잘 보여준다.

'민주주의는 실패했는가?' 이 물음은 오늘날 전 세계적으로 가장 중요한 질문들 가운데 하나다.

이 물음에 어떤 결론을 내리든 간에, 그 답은 우리 모두에게 큰 의미를 가진다. 역사상 그 어떤 통치방식도 민주주의만큼, 많은 자유와 번영 그리고 평화와 안정을 제공한 적이 없었기 때문이다.

제2차 세계전이 끝난 후 민주주의는 지구상에서 가장 합당한 정치제도로 부상했다. 실제로 20세기 후반, 전 세계 곳곳에서 일어난 대중운동들의 아젠다는 독재정권을 민주정부로 대체하여 국민이 사회 통치방식을 결정할 수 있게 하자는 것이었다.

그러나 1989년 베를린 장벽의 붕괴로 민주주의가 다른 정치제도들에 승리했음을 보여준 지 30년이 지난 지금, 민주주의는 전 세계에서 위협받고 있다. 세계 곳곳의 민주주의 국가들에서 국가주의를 등에 업은 지도자들이 등장했다. 이들은 반대세력을 억누르고, 표현의 자유와 반대의견을 짓누르며, 언론을 탄압하고 있다. 또한 시민사회단체들의 활동을 금지하고, 사법부의 독립성을 억제하며, 소수집단의 권리를 짓밟고 있다. 한 마디로 말하자면, 이들은 민주주의의 토대를 형성하는 정치제도들political institutions을 제거하려 하고 있다. 무엇보다 걱정스러운 점은 이 지도자들이 권력을 장악할 수 있었던 원인이, 광범위하게 확산되고 있는 민주주의 정치에 대한 불만이라는 사실이다. 이는 민주주의가 실패했을지도 모른다는 우려를 증폭시켰다. 그렇지만 민주주의에서 나타나는 새로운 경향들을 부정적으로 바라보는 시선들에 대해 많은 사람들이 이의를 제기한다.

정치제도 규칙, 조직적 관행, 공유된 인식의 집합으로, 사회에서 이뤄지는 정치 행위와 상호작용을 좌우한다.

도널드 트럼프 대통령처럼, 민주주의에 불안감을 조장해온 지도자들 대부분은, 아이러니하게도 민주 선거를 통해 권력을 장악한 인물이었다. 사실, 세계 역사상 오늘날만큼 많은 지도자들이 선거를 통해 민주적으로 정권을 장악한 적은 없었다. 예를 들어, 오랫동안 잔인한 독재정권과 동의어처럼 여겨져 오던 미얀마 같은 나라들에서도 지난 몇 년 사이에 민주주의가 뿌리 내리기 시작했다. 이러한 상황에서, 어떻게 민주주의가 실패했다고 말할 수 있을까?

민주주의의 상태를 둘러싸고 다양한 진단이 나오는 이유는 민주주의를 서로 다르게 이해하기 때문이다. 따라서 민주주의가 실패했는가라는 질문에 답하기 위해서는, 먼저 '민주주의'의 의미를 확실히 해둘 필요가 있다.

A

B

민주주의democracy는 정치에서 아마도 가장 많이 그리고 가장 잘못 사용되는 표현일 것이다. 이 단어는 국민을 뜻하는 '데모스demos'와 통치를 뜻하는 '크라토스kratos'를 결합하여 만든 고대 그리스어 '데모크라티아demokratia'에서 나왔다. 글자 그대로 번역하면 '국민의 통치'를 의미한다. 바로 이 국민주권 혹은 국민이 최고 권력자라는 개념이야 말로 사실상 거의 모든 민주주의 해석에서 공통으로 나타나는 것이다. 그렇다면 국민이 통치한다거나 국민이 최고 권력자라는 것은 정확히 어떤 의미인가? 이 질문에 대한 답은 간단하지 않다. 서로 너무도 다른 정치제도들이 하나 같이 국민주권에 기초하고 있다고 주장하기 때문이다.

20세기에 등장한 거의 모든 독재자들은 자신이 '국민'으로부터 지지를 얻고, 권위를 부여받았다고 주장했다. 전체주의totalitarian 체제인 북한 정권조차 스스로 민주적이라고 주장한다. 실제로 북한의 공식 명칭은 조선민주주의인민공화국Democratic People's Republic of Korea이다. 그렇지만 북한주민이 아니고서야 북한을 민주적이라고 생각하는 사람은 아마도 없을 것이다.

A 2015년 총선에서 아웅 산 수치가 거둔 승리로, 미얀마는 잔인한 독재정권에서 신흥 민주주의 국가로 변모했다. 그녀는 1990년 선거에서도 승리했으나, 군부체제가 이를 인정하지 않아 수년간 가택 연금 상태로 지내야 했다. 최근 로힝야족Rohingya people 학살 사건에 침묵했다는 이유로 세계적으로 비난의 대상이 되었다.

B 북한은 세계에서 얼마 남지 않은 전체주의 독재정권들 가운데 하나다. 강력한 군부를 배경으로, 북한정부는 시민 생활의 거의 모든 부분을 통제한다.

전체주의 권력이 고도로 집중되고, 국가에 대한 완전한 추종을 요구하는 전제적 통치 방식이다. 전체주의 체제는 시민의 삶을 전면적으로 통제한다.

이러한 상황을 통해 우리는 민주주의의 성공과 실패를 말할 때 수반되는 여러 가지 중요한 문제들 가운데 하나를 확인할 수 있다. 민주주의는 기본적으로 논쟁의 여지가 많은 용어다.

많은 학문이 민주주의를 연구하지만, 심지어 정의를 놓고도 의견이 다르다. 어떤 이들에게 민주주의는 그저 선거를 실시해서 정부를 선택하는 방법에 불과할 수도 있다. 하지만 어떤 이들에게는 보다 넓은 의미에서 바람직한 통치방식으로 혹은 하나의 원리나 이상으로 생각될 수도 있다. 또 어떤 이들에게는 특정 정치제도들의 집합을 가리키는 것일 수도 있다.

미국 정치과학자 래리 다이아몬드Larry Diamond(1951~)는 민주주의가 다음과 같은 4가지 기본요소로 구성된 정치체계라고 정의했다.

A

래리 다이아몬드 스탠퍼드대학교 사회학과 정치과학 교수. 민주주의에 대한 연구에 있어 선도적인 학자들 가운데 하나다.

A 미국 16대 대통령 에이브러햄 링컨이 1863년 게티즈버그 연설 말미에 말한 '국민의, 국민에 의한, 국민을 위한 정부'라는 표현은 가장 널리 사용되는 민주주의 정의들 가운데 하나다.

B 링컨이 게티즈버그에서 미국 역사상 가장 큰 영향력을 행사한 연설들 가운데 하나를 마친 직후 촬영된 사진. 링컨은 게티즈버그 연설을 통해 남북전쟁이 인간의 평등과 대의민주주의를 위한 투쟁이라고 선언했다.

B

자유롭고 공정한 선거를 통해 정부를 선택하고 교체하는 '권력경쟁', 정치와 시민활동에 대한 '시민의 적극적 참여', 모든 시민의 '기본적인 인권 보호', 법과 절차가 모든 시민에게 동등하게 적용되는 '법치'.

이 4가지 요소는 정당, 선거, 헌법, 자유언론, 독립적인 사법부 등 광범위한 정치제도들에 뒷받침된다.

우리는 이 책에서 민주주의 체계를 구성하는 4가지 요소와 정치제도들에 대해 자세히 살펴볼 것이다.

물론, 다이아몬드의 정의에 동의하지 않는 사람들도 많다. 민주주의와 자유민주주의를 혼동하기 때문에 개인의 권리보호를 강조한다고 보는 이들은 자유민주주의가 민주주의의 한 가지 유형일 뿐이라고 말한다(1장 참조). 그러나 이러한 비판에도, 이 책에서 다이아몬드의 정의를 사용하는 데는 몇 가지 합리적인 이유가 있다.

첫째, 민주주의가 실패했는가라는 질문은 우리가 민주주의를 단순히 선거나 사회 다수의 지지를 받는 정부가 아닌 그 이상의 것이라고 생각할 때만 유효하다. 민주주의의 실패를 선언하려면, 민주주의에 법치와 개인의 권리, 독립적인 시민사회 그리고 다이아몬드의 4가지 기본요소들과 연관된 다른 많은 제도들이 포함되어 있다고 전제해야 한다. 둘째, 민주주의가 가장 효과적인 통치방식이라는 주장은, 다이아몬드가 지적한 정치제도 모두를 시행하고 있는 국가들에만 적용된다. 셋째, 대중의 지지를 받고 선거도 실시했지만, 누구도(다이아몬드의 정의에 동의하지 않는 사람들도 포함하여) 민주적이라고 생각하지는 않을 정치체계들이 역사에는 많이 존재한다.

A

A 국회의사당으로 사용되는 런던의 웨스트민스터 궁전은 상원과 하원이 만나는 곳이다. 의회는 법을 제정하고, 정부에 책임성을 강제하며, 국가가 당면한 주요 쟁점들을 논의하는 등 영국 민주주의에서 핵심 역할을 담당한다. 영국 의사당 건물은 전 세계 의회 민주주의의 상징과도 같다.

B 2014년 10월 경찰이 시위대를 해산하기 위해 최루가스를 사용한 지 한 달 후, 주요 집회지인 홍콩 도심에 집결한 수천 명의 사람들이 우산을 펼쳐 들었다. 민주화운동인 '우산혁명'은 중국 정부가 홍콩의 투표권을 제한하려 하자 일어났다.

B

이 책은 민주주의가 실패했는가?라는 질문에 답하는 동안 다음과 같은 주장을 펼칠 것이다. 첫째, 민주주의가 작동하기 위해서는 선거 외에도 많은 제도가 필요하다. 따라서 민주주의 체계를 구성하는 여러 상이한 제도들이 시행될 수 있도록 보장해야 한다. 둘째, 민주주의는 여러 가지 중대한 도전에 직면해 있다. 이를 테면 대중의 지지를 이용하여 법치와 같은 민주주의의 기본요소들을 훼손하려 하고, 경제 불평등이 증가하고 있는 것 등이다. 이 문제들을 해결하기 위해서는 민주주의 체계를 구성하는 다양한 부분들을 이해해야 한다. 또한 민주 절차를 계속해서 강화하고 개선하려 노력해야 한다. 셋째, 민주주의 역사는 이 제도가 많은 도전들과 함께 해왔음을 증명한다.

앞으로 살펴보겠지만, 민주주의는 복잡하고 논쟁적인 과정을 거쳐 등장했고 많은 좌절을 경험했다. 그러나 항상 그 난관들을 극복해왔다.

1. 민주주의는 어떻게 발전해왔는가?

A

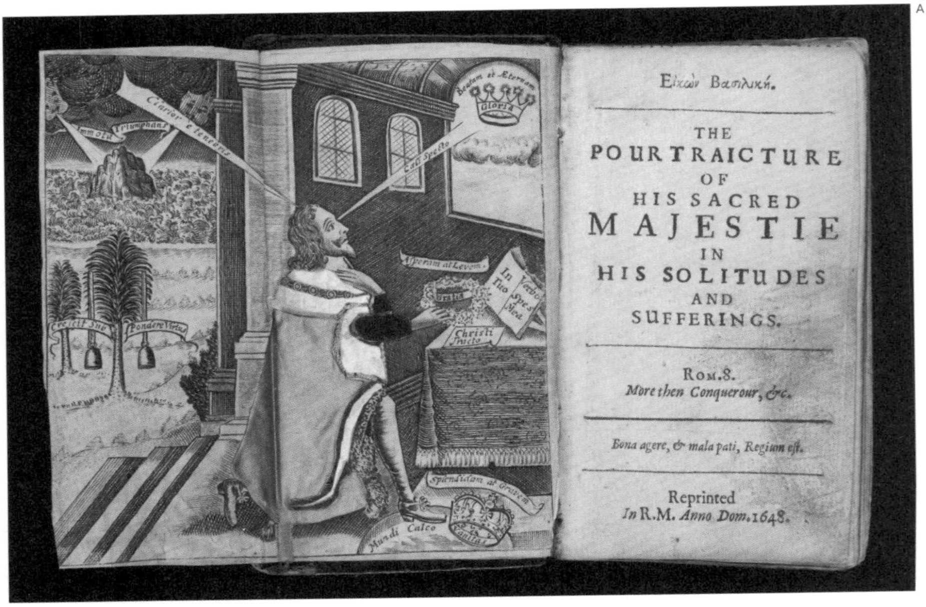

공동체 생활을 시작하면서 현재까지, 사회는 폭력과 갈등을 통제하고 방지해야 하는 문제와 마주해왔다. 초기 수렵채집 공동체는 매우 작았기 때문에 강제성이 없이도 합의를 이루고 질서를 유지할 수 있었다. 그렇지만 규모가 커지고 구조가 복잡해지면서, 자발적인 공동 행동으로 집단의 목표를 달성하기가 점점 어려워졌다. 그러자 사회는 권력과 경제 자원을 소수 엘리트(귀족정치aristocracy)나 개인(군주제monarchy)의 손에 집중시켰다. 다시 말해, 절대권력을 가진 소수가 그 밖의 사회 구성원들을 지배하는 정치질서를 확립하여 갈등을 해결하려 했다. 권력을 가진 사람들은 자신의 특권과 지위를 이용해 계속 경제 이익을 얻기 위해서라도 평화와 질서를 유지할 필요가 있었다.

A 《에이콘 바실리케Eikon Basilike》의 표지 그림. 영국의 찰스1세가 썼다고 알려져 있으며, 1649년 그의 처형 직후 출간되었다. 신성군주제를 옹호하는 이 책은 당시 큰 인기를 누렸다.

B 1878년 장 레옹 제롬의 〈베르사유 궁전에서 콩데 대왕을 맞는 루이 14세 L'Accueil du Grand Condé à Versailles par Louis XIV〉. 왕권신수설을 신봉한 프랑스 국왕 루이14세는 통치기간 동안 절대군주제를 확립했다. 사회가 커질수록 권력은 소수 절대군주에게 집중되었다.

민주주의가 등장하자, 이런 특권 정치질서에도 변화가 나타났다. 민주주의 체계의 기본 원리에 따라 권력이 대중과 사회 전반으로 분산되기 시작한 것이다. 그 결과 법치에 부합하는 국민의 직접 혹은 선출대표자를 통한 간접 통치가 이뤄졌다.

하지만 민주주의가 전 세계로 계속 퍼져나가기만 했던 것은 아니다. 민주주의가 쇠퇴하거나 사라진 시기도 있었다. 오늘날 민주주의라는 단어에서 떠올리는 다양한 제도들은, 새로운 사상과 경험의 영향을 받으며 서로 다른 시기에 생겨났다. 따라서 민주주의의 개념은 시대에 따라 다를 수밖에 없다.

귀족정치 고대 그리스에서 유래한 이 용어는 특권을 부여받은 소수의 지배계급이 권력을 행사하는 통치형태를 말한다. 민주주의 체계를 채택하기 이전의 그리스에서는 아테네를 비롯한 많은 도시국가들이 귀족 통치라는 고대 그리스의 전통을 따랐다. 현대에는 귀족이 통치하는 국가를 찾아볼 수 없지만, 과테말라나 온두라스처럼 소수의 지주 엘리트가 상당한 비공식적 권력을 휘두르는 체계를 설명하기 위해 사용되기도 한다.

군주제 세습으로 지위를 획득한 1인의 단독 지배에 기초하는 통치방식. 19세기까지만 해도 (영국의 헨리 8세와 프랑스의 루이 14세를 포함하여) 대부분이 군주제 국가였다. 영국이나 스웨덴처럼 오늘날에도 여전히 군주를 유지하고 있는 국가들은 입헌군주제인 경우가 대부분이다. 여기서 군주는 국가의 수장이지만 그 권력은 상징적인 것으로, 매우 제한적이다. 그러나 리히텐슈타인, 사우디아라비아, 스와질란드에서처럼 군주가 상당한 정치 권력을 행사하는 국가들도 여전히 존재한다.

B

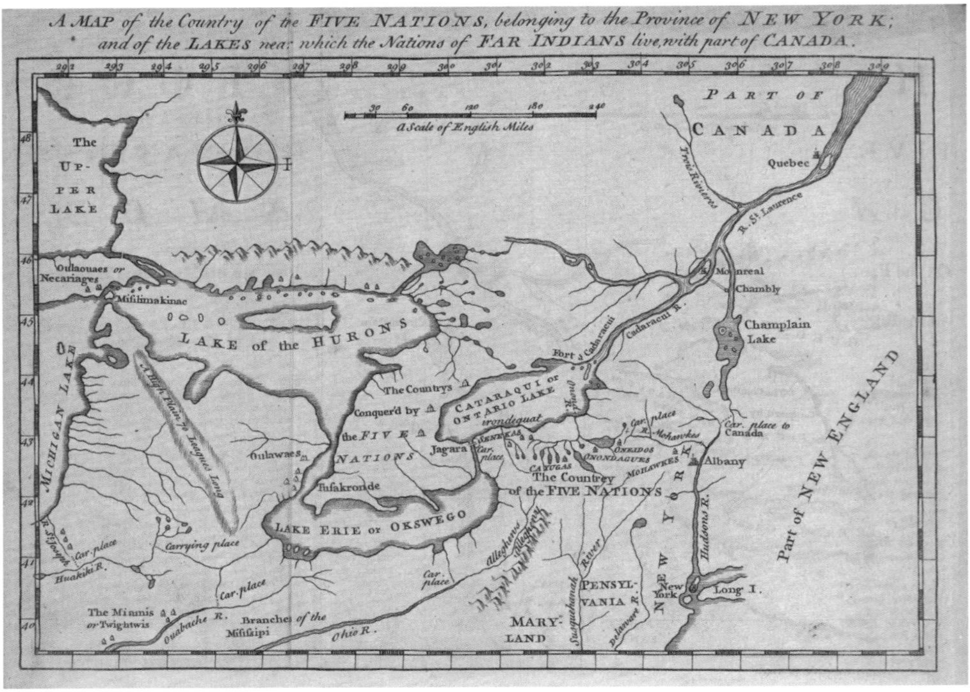

A

그렇다면 민주주의라는 개념은 어디에서 시작되었을까?

일반적인 견해대로, 민주주의가 반드시 고대 그리스에서 시작되었다고 생각할 필요는 없다. 역사를 살펴보면 현재 우리가 민주적이라고 생각하는 원리로 통치되던 사회들이 존재했다는 사실을 확인할 수 있다. 전 세계 많은 (과거와 현재의) 부족 사회들에서, 공동체 구성원들은 토론을 통한 의사결정 과정에 폭넓게 참여해왔다. 예를 들면, 미국의 이러쿼이 인디언연맹Iroquois confederation은 참여민주주의participatory democracy와 비슷한 의사결정 방식을 사용했다.

넬슨 만델라Nelson Mandela(1918~2013)는 어린시절, 남아프리카공화국 부족회의들을 관찰하면서 민주주의 개념을 익혔다고 여러 차례 밝힌 바 있다. 부족회의에서 공동체의 모든 남성은 평등한 시민이었다. 따라서 지위고하를 막론하고 토의과정에 자신의 의견을 표현할 수 있는 동등한 기회가 주어졌으며, 결정은 합의에 기초하여 내려졌다. 그는 이것이야말로 '가장 순수한 형태의 민주주의'라고 보았다. 그렇지만 만델라도 지적했듯이, 여성은 부족회의에서 제외되었다(민주주의 정치에서 여성을 배제하는 문제는 이번 장 마지막에서 다룰 것이다).

이러쿼이 인디언연맹 미국의 6개 원주민 부족 혹은 종족(워모호크족, 오네이다족, 오논다가족, 카유가족, 세네카족 그리고 나중에 결합한 투스카로라족)으로 구성된 연합체로, 1142년에 결성되었다.

참여민주주의 모든 사회구성원이 자신의 삶에 영향을 미치는 정치적 결정이나 정책에 광범위하게 참여하는 것을 말한다. 직접민주주의를 포함한 다양한 방식들이 존재한다.

넬슨 만델라 남아프리카공화국의 인종격리정책에 반대해온 활동가로, 인종주의 정권에 의해 27년간 수감생활을 했다. 석방 후, 민주 선거에 의해 당선된 최초의 남아프리카공화국 대통령이자, 첫 흑인 대통령이 되었다. 1994~99년까지 대통령으로 재임했다.

A 1747년에 작성된 이 지도에서 이러쿼이 인디언연맹이 다스렸던 영토를 확인할 수 있다. 연맹은 일종의 참여민주주의를 시행하여, 여러 부족 구성원들이 의사결정 과정에 참여할 수 있게 했다. 많은 사람이 미합중국의 연방제 민주주의가 이러쿼이 연맹을 모방했다고 생각한다.

B 1964년 로벤 아일랜드에서 긴 투옥생활을 시작하기 전, 요하네스버그에서 촬영한 만델라의 모습. 그는 20세기의 가장 중요한 민주주의 지도자들 가운데 한 명이었다. 1994년 선거에서 만델라가 거둔 승리는 남아프리카공화국이 아파르트헤이트에서 민주주의로 이행하는 신호탄이었다.

B

A

B

A 1941년 4월 민주주의 발생지인 아테네 아크로폴리스에서 독일군대가 나치 깃발을 게양하고 있다. 한 달 후 2명의 학생이 깃발을 끌어내렸는데, 이는 그리스인들이 나치 점령에 대해 벌인 첫 번째 저항 중 하나였다.

B 영국 수상 마가렛 대처가 1980년 아크로폴리스를 방문하여 찍은 사진. 일반적으로 아크로폴리스는 민주주의를 상징한다. 여기에 남아있는 건물들 대부분은 아테네 민주주의가 출현한 기원전 5세기에 지어졌다.

C 체사레 마카리의 1889년 작 〈키케로의 연설Cicero Denounces Catiline〉. 로마의 웅변가·정치가·저술가인 키케로의 원로원 연설 장면을 그리고 있다. 로마공화국은 고대 그리스에서 직접민주주의가 발생한 것과 거의 같은 시기에 생겨났다. 두 공화국의 결정적 차이는 로마가 간접민주주의(선출대의제) 방식을 채택했다는 데 있다.

민주주의는 기원전 5세기 무렵 도시국가 아테네와 그 밖의 여러 그리스 도시들에서 처음으로 하나의 완전한 정치체계로 나타났다. 아테네인들은 연이은 반란으로 폭정의 온상이던 참주tyrant정치를 무너뜨리고, 직접민주주의direct democracy에 기반한 통치체계를 세웠다. 모든 아테네 시민은 의회의 공개토론에 참여했고, 입법안과 행정 법안에 투표할 수 있었다. 또한 공직과 공무를 추첨으로 결정하여 시민들에게 동등한 선택기회를 보장했다.

그러나 시민권은 오직 자유로운 남성만이 가질 수 있어서, 여성과 노예의 정치참여는 허용되지 않았다.

직접민주주의 시민이 투표나 합의를 통해 법과 정책을 직접 결정하는 통치방식. 기원전 5세기경 고대 그리스에서 처음 등장했다. 현재는 스위스 정치체계가 직접민주주의를 채택하고 있다.

플라톤 고대 아테네의 철학자로, 철학 발전에 이바지한 가장 중요한 인물이다. 그의 연구로 서양 철학과 과학의 토대가 확립되었다.

아리스토텔레스 고대 아테네의 철학자이자 과학자. 그의 연구는 물리학, 생물학, 형이상학, 윤리학을 포함하여 광범위한 주제들에 중대한 영향을 미쳤다.

공화정 국민과 국민이 선출한 대표자들이 권력을 행사하는 통치방식. 군주가 아니라, 선출되거나 지명된 대통령이 있는 국가를 공화정이라 부르기도 한다. 직접민주주의보다는 대의민주주의를 뜻하는 용어로 사용하기도 하지만, 이러한 구분은 미국의 독립혁명 중에 도입되었다.

민주주의에 대한 비판도 고대 아테네에서 처음으로 등장했다. 이 비판은 오늘날까지도 민주주의에 반대하는 논거로 사용된다. 가장 눈여겨볼 만한 것은 플라톤Plato(기원전 427~348)의 주장으로, 그는 민주주의가 우매한 사람들을 부추겨 현명한 사람들을 지배하게 만든다고 말했다. 또한 민주주의가 공익을 추구하기 보다는 여론과 충동에 따른 결정을 내리도록 조장하기 때문에 질서를 교란한다고 생각했다. 그의 제자인 아리스토텔레스Aristotle(기원전384~322)는 스승보다 모호한 입장을 보였다. 시민의 정치참여가 바람직하기는 하지만, 중우정치를 방지하기 위해서는 민주주의를 제한할 필요가 있다고 말했다.

민주주의가 그리스에서 등장한 바로 그 즈음, 이탈리아 로마에서도 민주 통치체제가 출현했다. 로마인들은 자신들의 정치체계를 '공공의 관심사'를 의미하는 레스 푸블리카 res publica 혹은 공화정republic이라고 불렀다. 국가를 통치자의 사적 소유물이 아니라, 공적 대상으로 생각했다. 또한 관직은 군주제나 귀족정치에서처럼 상속되는 것이 아니라, 임명과 선출을 통해 얻을 수 있었다.

초기에 로마공화정을 통치할 권리는 귀족에게만 있었다. 그러나 많은 투쟁의 결과, 평민도 통치체제에 참여할 수 있게 되었다. 아테네와 달리 로마공화정은 직접민주주의를 채택하지 않았다. 공화정체계는 선출대의제에 기초했으며, 그에 따라 로마인들은 권력을 정치지도자에게 위임할 수 있는 정교한 법 장치들을 발전시켰다.

C

민주주의는 고대 아테네가 기원전 338년 필리포스2세Philip II of Macedon (기원전382~336)의 마케도니아 군대에 정복당하고, 로마가 기원전 1세기에 정치 불안을 겪는 과정에서 자취를 감췄다. 기원전 6세기와 4세기 사이의 인도에서 그리고 기원전 4세기 무렵의 이란에서 민주적 자치가 출현했다는 기록이 있지만, 그리 오래 가지 못했다. 중세에 대부분의 유럽 국가들에서는 봉건제feudalism와 함께 군주제가 발전했다. 민주주의가 하나의 정치체계로 다시 모습을 나타낸 것은 1100년 베네치아나 피렌체 같은 이탈리아 도시국가들에서 민주 통치체제가 등장한 이후다. 같은 시기에 러시아에서도 민주적인 노브고로드 공화국이 등장했다. 그러나 유럽과 러시아의 민주 공화정들은 200~300년을 넘기지 못하고, 권위주의 통치체제로 대체되었다.

필리포스2세 기원전 359~336년 암살될 때까지 고대 마케도니아 왕국을 통치했다.

봉건제 9~15세기까지 중세 유럽을 지배한 사회체계로, 봉사나 노동의 대가로 토지를 양도받는 방식에 기초했다. 영주(혹은 귀족)는 병역과 세금을 납부하는 대가로 군주로부터 토지를 하사받았으며, 가신은 귀족으로부터 토지를 임차했고, 농노는 장원에 살면서 보호를 받는 대가로 노동과 소출의 일부를 영주에게 제공했다.

A 야외 국민의회 알싱이 1798년까지 매년 회의를 개최했던 아이슬란드 싱벨리어 국립공원.
B 1905년 노르웨이와의 연합이 해체되자 스웨덴 국왕 오스카르2세가 소집한 의회의 모습.
C 스웨덴 상원의 모습. 상원의원은 국민이 직접 선출한 군·도시 단위 의회에서 선출된다.

A

B

C

근대 민주주의의 특징들 중 하나는 선출 대표자들로 이루어진 '국민의회'와 국민의 선택으로 권력의 일부를 위임받은 '행정부'의 결합이었다. 이러한 조합은 영국, 스칸디나비아 반도, 네덜란드, 스위스와 같은 유럽 국가들에서 유래했다. 이러한 정치제도들이 현재 우리가 민주주의라고 생각하는 체계들로 발전하기까지는 여러 세기를 거쳐야 했다.

900년 무렵 스칸디나비아 반도의 바이킹들은 싱스tings라고 알려진 지역의회를 구성했다. 이 회의에서 자유로운 남성들은 분쟁을 해결하고, 법률을 만들고, 중요한 결정들을 내렸다. 930년 경 아이슬란드에 현존하는 가장 오래된 국민의회인 알싱Althing이 만들어졌다. 네덜란드와 플랑드르에서 상업, 금융, 제조업의 성장으로 막대한 경제적 자원을 축적하게 된 도시 중간계급이 형성되었다. 통치자들은 이들의 부를 이용하기 위해서 중간계급 구성원들과 협력할 수밖에 없었고, 여러 도시에서 온 새로운 계급의 대표자들과 회합을 가졌다.

민주주의의 2가지 핵심요소는 법치와 개인의 권리보호다.

민주주의는 군주의 절대권력을 제한하는 장치들을 도입하면서 비약적으로 발전하기 시작했다. 영국에서 왕권은 대헌장, 마그나카르타Magna Carta를 통해 공식적으로 제한되었다. 대헌장의 초안은 1215년 존 왕King John(1166~1216)과 반란 귀족세력 사이의 평화협정을 기반으로 만들어졌다. 이 협정에 따라, 귀족들은 더 이상 불법감금을 당하지 않고 신속한 재판을 받을 수 있었으며 왕에게 지불하는 봉토세를 제한할 수 있게 되었다. 대헌장 제39조에 따르면, "모든 자유민은 (…) 동료 자유민들이 법적 판결을 내리거나 국법이 명하지 않는 한 (…) 체포·감금·재산 몰수·사회적 매장·추방을 당하지 않으며, 어떤 식으로든 처형당하지 않는다." 이 조항으로 대헌장은 왕의 독단적 권력을 제한하고 법치를 확립할 수 있었다. 또한 개인의 자유를 보호하는 조치들(비록 처음에는 귀족에게만 적용되었지만)을 도입하는 데도 도움이 되었다.

시간이 지나면서, 군주제의 힘을 억제하는 제도들이 생겼다. 이를 테면, 영국내전English Civil War으로 군주는 의회의 승인 없이 통치권을 행사할 수 없다는 원칙이 확립되었다. 그리고 이 원칙은 명예혁명Glorious Revolution과 1689년 제정된 권리장전Bill of Rights을 계기로 더욱 발전했다. 이로써 의회는 최고통치권을 가지게 되었고, 시민의 기본적 자유와 권리들이 명문화되었다.

A 존 왕이 대헌장의 조항을 어기자, 이에 격분한 귀족들이 반란을 일으킨 제1차 귀족전쟁Barons' War(1215~17)을 그린 세밀화. 반란군은 당시 왕세자였던 루이8세가 이끄는 프랑스 군대의 지원을 받았다.

B 현존하는 대헌장 초판본(1215) 4부 가운데 하나. 대헌장은 법치와 개인의 권리보호를 확립한 최초의 문서다.

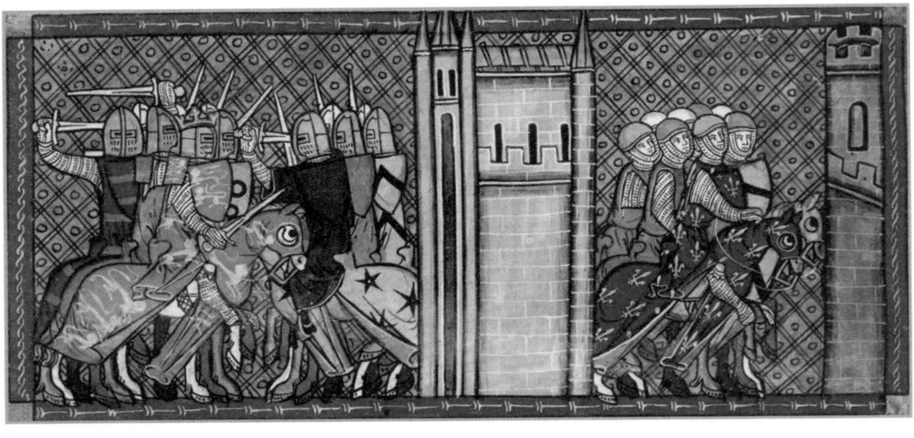
A

B

16세기부터 정치지형이 변하면서, 국민과 통치자의 관계를 새롭게 정의하는 중요한 사상가들이 등장하기 시작했다.

근대 정치과학의 창시자인 이탈리아의 정치가 마키아벨리Machiavelli(1469~1527)는 국가형성기나 위기시기에 무자비한 전제정치autocracy가 필요할 수도 있지만, 국가를 유지하기 위해서는 권력을 분산해야 한다고 말했다. 그는 공화국이 최상의 정부형태라고 생각했다. 영국의 철학자 토마스 홉스 Thomas Hobbes(1588~1679)는 1651년 《리바이던 Leviathan》에서 국민과 통치자가 계약 관계에 있다는 사회계약 개념을 주장했다. 사회계약에 따라 개인은 통치자의 권위에 복종하는 대가로 안전을 보장받는다. 다시 말해, 통치자의 권력은 국민에게서 나온다.

영국내전 1642~1651년까지 의회파(의회 지지자들)와 왕당파(군주제 신봉자들) 사이에서 일어난 일련의 전투를 말한다. 의회파가 승리하면서 일시적이긴 했지만 군주제가 잉글랜드 연방으로, 그 다음에는 올리버 크롬웰의 섭정정치로 대체되기도 했다.

명예혁명 1688년 의회파 윌리엄3세가 국왕 제임스2세를 폐위시킨 사건. 혁명으로 윌리엄3세와 그의 아내 메리2세가 영국의 공동 군주가 되었으며, 권리장전을 제정하게 되었다.

니콜로 마키아벨리 이탈리아의 역사가·정치외교가·철학자·저술가 정치이론가이자. 피렌체공화국의 고위관리이기도 했다. 정치권력에 관한 고전 《군주론》을 썼다.

전제정치 절대권력을 단일 개인에게 집중시키는 통치방식. 이 개인의 결정은 국민의 통제를 받지도 않고, 법률적 제약을 받지도 않는다.

토마스 홉스 영국의 철학자이자 근대 정치철학의 창시자로 여겨진다. 사회계약이론을 제시한 《리바이던》으로 유명하다.

A

A 주니어스 브루투스 스턴스의 〈헌법제정회의의 워싱턴Washington as Statesman at the Constitutional Convention〉(1856). 조지 워싱턴은 1787년 헌법제정회의의 의장직을 맡아 미합중국헌법의 제정을 이끌었다.

B 장 자크 루소는 스위스 태생의 철학자이자 저술가다. 근대 정치사상과 교육사상에 영향을 미친 중요한 계몽주의 사상가.

C 존 로크는 영국의 철학자이자 의사다. 루소와 마찬가지로 계몽주의 사상가였으며, 미국의 독립혁명에도 영향을 준 것으로 알려졌다.

민주주의의 발전에 있어 가장 중요한 시기는 18세기 서구세계를 지배했던 계몽주의Enlightenment 시대일 것이다. 장 자크 루소Jean-Jacques Rousseau(1712~78)나 존 로크John Locke(1632~1704) 같은 위대한 계몽주의 철학자들은 자유와 권리, 국민주권과 입헌제, 권력분립 같은 현대 민주주의의 기본개념들을 만들었다.

바로 이 시기에 민주주의는 자유주의liberalism와 긴밀한 관계를 맺으며, 국민참여와 권력경쟁, 법치와 개인의 권리 같은 개념들과도 결합하게 되었다. 계몽주의 사상은 당시의 정치적 사고에 깊은 영향을 주었으며, 미국 독립혁명과 프랑스 대혁명에도 일조했다.

미국 독립혁명(1765~83) 기간 동안 북아메리카 대륙의 13개 식민지들은 영국의 지배에서 벗어나기 위해 싸웠다. 새로운 세금 부과는 식민지들에서 '조세법정주의no taxation without representation'에 기초한 저항을 불러일으켰다. 토마스 페인Thomas Paine(1737~1809)과 같은 사람들은 식민지 주민들에게 독립투쟁을 벌여 평등한 국가를 건설하자고 주장했다.

북아메리카 식민지들은 프랑스의 지원을 받아 영국의 그늘에서 벗어났다. 직접민주주의의 채택을 둘러싼 격렬한 논쟁이 있었지만, 중우정치와 전제정치를 우려한 건국의 아버지들은 새로운 국가가 민주공화국(혹은 대의민주주의)이 되어야 한다고 합의를 보았다. 토마스 제퍼슨Thomas Jefferson(1743~1826)은 1776년 독립선언문에 "모든 사람은 평등하게 태어났으며" 국가의 권력은 "국민의 동의"에서 나온다는 민주주의 개념들을 명문화했다.

이 원칙들이 미합중국 헌법의 기초를 이루었다. 1789년 미합중국 헌법이 비준되었고, 연방제federal system 입헌민주주의constitutional democracy 국가인 미국이 탄생했다. 비록 재산을 소유한 프로테스탄트 백인 남성들만 투표에 참여할 수 있었지만, 선출대표자들로 이루어진 입법부도 만들어졌다. 2년 후에는 권리장전이 헌법에 추가되면서, 개인의 자유와 언론의 자유를 포함한 권리를 보장하고 정부 권력을 엄격히 제한하여 권력분립을 달성할 수 있었다.

계몽주의 17세기 중반에 시작해서 18세기 내내 계속된 지적·철학적 운동으로, 이성이 권위와 정당성의 토대라는 개념에 기초했다. 계몽주의 사상으로 과학, 철학, 사회, 정치에 대변혁이 일어났다.

자유주의 자유와 법 앞의 평등이라는 개념을 중시하는 정치철학. 개인의 자유 증진이 정치의 최우선 과제라고 본다.

토마스 페인 영국출신 미국인 활동가, 혁명가, 철학자, 정치이론가. 미합중국 건국의 아버지 가운데 하나다. 여러 논문을 통해 미국 독립혁명에 지대한 영향을 미쳤다.

토마스 제퍼슨 미합중국 건국의 아버지 가운데 하나로, 〈미국독립선언문〉의 주 저자이자, 미국 대통령(1801~09)을 역임했다.

연방제 강력한 전국 단위의 중앙정부와 지방정부가 권력을 나누어 행사하는 정치체계.

입헌민주주의 성문 헌법 혹은 일련의 법과 관습들이 정부의 권력과 개인의 권리를 명문화하는 민주주의 사회를 말한다.

B

C

A

1789~99년에 있었던 프랑스 대혁명은 민주주의 발전에서 또 다른 정치 분수령이었다. 계몽주의 사상에 영향을 받은 프랑스 국민들은 무거운 역진세 부과에 분노해, 군주제를 무너뜨리고 프랑스공화국을 세웠다. 대혁명은 프랑스를 민주주의 국가로 만들지는 못했지만(대신 나폴레옹 보나파르트 Napoléon Bonaparte(1769~1821)의 권위주의 통치체제가 들어섰다), 유럽에 민주주의라는 이상과 원리를 전파하는 계기가 되었다.

1789년 프랑스 제헌국민의회는 〈인간과 시민의 권리선언 Declaration of the Rights of Man and of the Citizen〉을 통과시켜, 인권보호의 기반을 마련했다. 또한 잠시 동안이긴 했지만, 모든 남성에게 투표권이 부여되고(1792), 노예제가 폐지되기도 했다.

이 시기에는 민주주의의 성격을 둘러싸고 수많은 논의와 토론이 벌어졌다. 가장 중요한 사상가 중 하나였던 프랑스의 역사가 알렉시 드 토크빌Alexis de Tocqueville(1805~59)은 《미국의 민주주의Democracy in America》(1835)에서 민주주의 국가에 대한 최초의 경험적 분석을 시도했다. 토크빌은 민주주의(다수의 지배)와 자유(개인의 선택과 표현의 자유)를 구분했다. 그는 자유롭게 누려야 하는 개인의 권리가 다수의 지배로 침해당할 수 있다고 말하며, '다수의 횡포'를 경고했다. 따라서 민주주의가 자유를 확대하고 보호하기 위해서는, 다원주의(또는 다양한 이익집단)가 필요하다고 주장했다. 또한 사회가 민주주의를 고무하는 관행, 규범, 윤리와 규칙을 갖출 필요가 있다고 말하면서 민주주의 문화의 중요성을 강조했다.

학문 논의는 날로 발전했지만, 민주주의는 여전히 많은 사람들을 배제하는 소수의 전유물이었다.

나폴레옹 보나파르트 프랑스의 군사·정치 지도자. 프랑스 대혁명의 와중에 권력을 장악했고, 1804~14년까지 황제로 군림했다. 수많은 군사작전에서 프랑스를 승리로 이끌었으며, 역사상 가장 위대한 군사 지휘관 중 하나로 평가받는다.

인간과 시민의 권리선언 1789년 8월 프랑스의 국민제헌의회National Constituent Assembly가 채택한 헌장. 개인의 권리를 주장하고, 국민주권의 원리를 천명하는 17개 조항으로 이루어져 있다. 인권의 역사에서 가장 중요한 문서 중 하나다.

알렉시 드 토크빌 프랑스의 외교관·정치과학자·역사가. 그의 연구는 민주주의에 관한 가장 영향력 있는 분석이자, 최초의 실증분석으로 평가받는다. 7월 왕정(1830~48)과 제2공화국(1849~51) 시기에는 프랑스 정치에 활발하게 참여하기도 했다.

A 자크 루이 다비드의 〈테니스코트의 서약 The Tennis Court Oath〉. 테니스코트의 서약은 프랑스 대혁명 초반에 일어난 중요한 사건들 중 하나다. 제3신분인 평민의원들은 베르사유궁전의 테니스코트에 모여 성문법이 제정될 때까지 의회를 해산하지 않겠다는 서약을 했다.

B 1915년 1월 멕시코시티 대통령궁에서 열린 판초 비야와 에밀리아노 사파타의 회동. 20세기 초 일어난 멕시코 혁명(1910~20)은 프랑스 대혁명과 마찬가지로 민주주의 국가를 수립하지는 못했다. 그렇지만 혁명으로 헌법이 제정되면서, 몇십 년 후 민주주의가 출현하는 발판을 마련했다.

B

A

대부분 국가에서 투표는 엘리트만의 권리였다. 그러나 19세기 산업혁명industrial revolution 이후 사회적 불만이 커지자, 서구 사회 전반에서 변화가 일어났다. 계급 · 부 · 재산소유권 · 거주지에 따른 투표권 제한이 서서히 사라지면서, 영국, 프랑스, 독일, 스웨덴, 미국에서 유권자 비율 또한 점차 늘어났다.

이처럼 투표권이 확대된 이유는 산업혁명으로 권력과 영향력이 농촌에서 도심으로 옮겨가면서, 토지귀족의 힘이 약화되었기 때문이다. 도시에 형성된 새로운 중간계급은 공장과 탄광 같은 공업부문을 지배하며 신흥세력으로 떠올랐고, 정치적 대표권을 요구하기 시작했다.

산업혁명은 인구통계 또한 크게 바꾸어 놓았다. 사람들은 일자리를 찾아 크고 작은 도시로 이동했으며, 노동자들은 공장과 거주하는 슬럼 지역에서 가혹한 상황을 견뎌야 했다. 이로 인해 싹튼 정치의식이 노동계급으로 확산되었다. 일하는 사람이 없다면 산업이 마비될 것이라는 사실을 깨닫게 되면서 노동자들은 더 많은 정치 권리들을 요구하게 되었다. 그러자 사회주의 혁명이 발생할 수도 있다고 걱정한 엘리트들은 정치개혁을 통해 참정권(투표권)을 확대했다.

산업혁명 18~19세기에 발생한 기술혁신과 사회구조의 변혁. 이 시기에 유럽과 미국은 농업과 농촌중심 사회에서 산업과 도시중심 사회로 크게 변화했다. 산업혁명의 핵심은 기계를 이용한 새로운 제조과정으로의 이행이었다. 평균소득이 전례 없이 증가하기 시작했고, 생활의 거의 모든 측면을 변화시켰다.

A 1848년 4월 런던 케닝턴 커먼에서 열린 대규모 차티스트 집회. 차티즘Chartism은 남성 보통선거를 포함하여 정치개혁을 요구했던 노동계급의 대중운동이었다. 대중의 압도적 지지를 받았음에도, 결국 실패한 이 운동은 이후 수십 년 동안 점진적인 개혁이 이루어지는 계기가 되었다.

B 영국 브래드퍼드의 스미스 양털 코우밍 공장의 노동자들. 산업혁명으로 공장에서 일하기 위해 도시로 몰려든 노동자들은 매우 열악한 노동 환경에 놓였다. 머지 않아 이들은 자본주의 산업이 자신들에게 달려있다는 사실을 알게 되면서 차츰 정치화되었고, 더 많은 권리들을 요구하기 시작했다.

B

A

많은 사람들이, 미국을 비롯한 많은 서구 국가들은 20세기 시작부터 이미 잘 발전된 민주주의 국가였을 것이라고 생각한다. 그러나 1914년 영국에서 투표권을 행사할 수 있었던 인구는 20세 이상 성인 가운데 30퍼센트에 불과했다.

이 수치는 현재 기준으로 본다면 민주주의로 인정받을 수 있는 최저 수준에도 미치지 못한다. 영국에서는 정해진 소득수준 이상의 남성들만이 투표를 할 수 있었다. 여성들은 20세기 초반 전 세계 대부분 국가들에서 투표권을 갖지 못했다. 실제로 지금까지 언급한 '민주주의 국가들' 어디에서도 여성은 투표권을 얻지 못했다.

에멀린 팽크허스트 정치 활동가이자 영국 여성 참정권운동의 지도자. 영국 여성들이 투표권을 쟁취하는데 결정적인 역할을 했으며, 20세기가 낳은 가장 중요한 인물 중 하나로 평가받는다.

무정부주의 모든 정부의 폐지를 주장하는 정치 이데올로기. 정치·경제적 평등에 대한 신념에 기초하여, 사회를 무력의 사용 없이 자발적인 협력 관계에 따라 조직하려 했다.

여성 참정권운동은 보다 광범위한 여성 권리운동의 일부로, 19세기 말~20세기 초에 출현했다. 여성들은 1893년 뉴질랜드에서 처음으로 투표권을 인정받았다. 유럽에서는 핀란드가 1907년에 처음으로 여성에게 참정권을 부여했다. 영국의 에멀린 팽크허스트Emmeline Pankhurst(1858~1928)가 이끄는 여성 참정권 운동가들은 난간에 몸을 묶고 기물을 파괴하거나 방화를 하는 등 투표권 쟁취를 위해 점점 급진적인 방식을 사용했다. 영국에서는 1900년~14년까지 무려 약 1천여 명에 이르는 여성 참정권 지지자들이 투옥되기도 했다. 영국과 미국의 여성들은 1918년과 1920년에 제1차 세계대전이 끝나고 나서야 투표권을 인정받았고, 스위스 여성들은 1971년까지도 연방선거에 투표할 수 있는 권리가 없었다.

공산주의 사회계급, 화폐, 국가를 폐지하고 생산수단의 공동소유에 기초하는 사회를 건설하자고 주장하는 정치 이데올로기. 이러한 목적이 계급투쟁을 통해 달성될 수 있다고 보았다.

파시즘 외부의 위협을 해결한다는 명분으로 전제적 리더십, 일원적인 집합적 정체성, 사회 역량의 총동원을 옹호하는 정치 이데올로기. 독재권력, 반대 의견의 강제진압, 경제 통제를 가져온다.

19세기말~20세기 초에는 무정부주의anarchism, 공산주의communism, 파시즘fascism 같은 정치 이데올로기들이 급부상하며 자유민주주의에 도전했다. 이 사상들은 모두 대의민주주의를 거부했다.

B

A 1912년경 런던에서 있었던 여성 참정권 운동가들의 거리행진. 참정권자들의 오랜 정치투쟁으로, 마침내 여성들은 제1차 세계대전 이후 영국에서 투표권을 인정받았다.

B 시리마보 반다라나이케(사진 왼쪽)가 1960년 실론(현재 스리랑카) 총리로 선출되고 난 후인 1976년 인도 국회의사당에서 찍은 사진. 그녀는 세계 최초의 여성 총리였다. 6년 후 인도 총리로 당선된 인디라 간디(사진 오른쪽)는 전 세계에서 두 번째 여성 총리였다.

A

공산주의와 무정부주의자들은 자유민주주의가 지배자인 자본가계급의 이익을 대변한다고 비난한다.

카를 마르크스Karl Marx(1818~83)와 같은 공산주의자들이 보기에, 모든 통치체제는 계급 지배를 수반한다. 따라서 피지배자인 노동자계급이 프롤레타리아 독재로 다른 계급을 관리하고 다스려야 무계급사회를 달성할 수 있다. 무정부주의자들은 민주적이든 아니든 간에, 정부 그 자체가 억압의 가장 중요한 원인이라고 생각했다. 반대로 파시스트들은 전체주의적인 일당 국가의 지휘 아래 사회를 철저히 통제해야 국가를 다양한 위협들로부터 보호할 수 있다고 믿었으며, 이를 근거로 민주주의에 반대했다.

카를 마르크스 프로이센 출신의 철학자·경제학자·정치이론가·혁명적 사회주의자. 그의 연구는 인간사회를 계급투쟁을 통해 어떻게 변화시킬 수 있는가라는 문제에 초점을 맞추고 있다. 일반적으로 마르크스주의라 부르는 그의 사상은 공산주의와 사회주의에 엄청난 영향을 미쳤다. 인류역사에서 가장 영향력 있는 인물들 가운데 하나로 평가받는다.

20세기 초 유럽에는 공산주의와 파시즘 정부들이 곳곳에 들어섰다. 러시아에서는 1917년 혁명으로 차르의 절대주의 통치가 끝나고 블라디미르 레닌Vladimir Lenin (1870~1924)이 이끄는 공산주의 정권이 권력을 쥐게 되었다. 1929년 뉴욕 증권시장의 주가폭락, 검은 목요일Wall Street Crash과 연이은 경제 파국은 유럽과 남아메리카에서 파시즘이 등장하는 계기로 작용했다. 1933년 독일에서는 아돌프 히틀러Adolf Hitler (1889~1945)가 이끄는 국가사회주의 독일 노동자당Nazi Party이 권력을 장악했다. 그리고 이러한 상황은 베니토 무솔리니Benito Mussolin (1883~1945)가 이탈리아에서 파시즘 체제를 강화하는 결과를 낳았다.

블라디미르 레닌 1916~25년 러시아와 소련을 이끌었다. 공산주의의 혁명가이자·정치가·정치이론가이기도 했다. 러시아에서 볼셰비키 혁명을 일으켜, 공산주의 일당 체제국가를 만들었다.

아돌프 히틀러 1934~45년까지 국가사회주의 독일노동자 정당 나치스와 나치 독일을 이끈 지도자. 세계사에서 가장 악명 높은 독재자다. 그의 독재 통치는 야만스러울 정도로 억압적이었으며, 유대인 대학살이라는 참극을 빚었다. 또한 폴란드 침공은 제2차 세계대전의 도화선이 되었다.

베니토 무솔리니 1922~43년까지 국가파시스트당의 지도자이자, 이탈리아의 수령이었다. 1922년과 1925년 의회 다수당을 점하며 수상이 된 후, 이탈리아를 파시즘 독재체제로 전환시켰다.

A 1919년 5월 붉은 광장에서 군대에 연설하는 레닌. 그는 대의민주주의가 "피억압자들이 몇 년마다 한 번씩 돌아오는 선거로 압제자들 중 누구를 의회의 대표로 보내 자신들을 지배하게 할지를 결정하는" 제도라고 말하며 반대했다.

B 1941년 8월 소련침공 당시 이탈리아 총사령관 로돌포 그라치아니Rodolfo Graziani와 함께 동부전선 사령부를 방문한 히틀러와 무솔리니.

B

1936~39년 스페인내전은 민주주의와 파시즘 사이에 벌어진 전투로 유명하다. 스페인민주공화국은 프랑코 장군General Franco(1892~1975)이 이끄는 민족주의자들에 맞서 공산주의자들, 무정부주의자들과 함께 싸웠다. 공화국 지지자들이 히틀러와 무솔리니 군대의 지원을 받은 민족주의자들에게 패배하면서, 스페인은 1975년까지 독재정권의 지배를 받았다.

제2차 세계대전 동안 민주주의와 파시즘의 싸움은 전 세계로 확대되었다. 하지만 연합국이 나치 독일, 파시스트 이탈리아, 제국주의 일본에 승리를 거두면서, 한 시대를 풍미하던 파시즘은 소멸했다.

A

A 영국 노동당 전국평의회가 스페인내전에서 투쟁하는 민주주의 진영에 대한 지원을 독려하기 위해 내건 포스터. 여기에서 프랑코 장군은 나치 문양을 가슴에 달고 있다.

B 1936년 7월 스페인내전 개전 당시 행진하던 남성과 여성 민병대 투사들. 이 전쟁은 민주주의와 파시즘의 대결로 생각되었다.

C 프랑코의 민족주의 군대는 독일과 이탈리아로부터 전투기 지원을 받아 게르니카와 같은 도시의 민간인들까지 공격했다. 이 반파시즘 포스터는 스페인내전 동안 스페인 국민들의 지지를 얻기 위해 제작되었다.

D 스페인내전 중에 제작된 스페인 우익 민족주의 정당인 팔랑헤당(Falange)의 포스터는 사람들에게 "무기를 들어라 그리고 조국을 위해 싸우라"고 말한다. 1939년 프랑코 군대는 민주주의 세력인 스페인 공화파, 공산주의자, 무정부주의자들을 상대로 승리했다.

E 민족주의자들의 주장을 담고 있는 이 스페인내전 포스터에는 "스페인을 해방하라"는 슬로건이 크게 쓰여 있다. 민족주의자들의 승리로 스페인에는 독재정권이 들어섰고, 이는 1975년까지 지속되었다.

B

프란시스코 프랑코
스페인의 장군 출신으로, 1936년 군부 독재체제를 수립하여 1975년까지 통치했다. 권력을 장악한 후 스페인내전에서 나치 독일과 파시스트 이탈리아의 원조를 받으며 민족주의자들을 이끌었고, 공화파에 승리를 거두었다.

독일 태생의 정치이론가 한나 아렌트Hannah Arendt(1906~75)는 《전체주의의 기원The Origins of Totalitarianism》(1951)에서, 공산주의와 파시즘이 과거 여러 세기 동안 존재했던 전제정치와 본질적으로 다르다고 말했다. 이들은 사회생활의 모든 면을 통제하려 한다는 점에서 전체주의 체계다. 하지만 대중의 지지가 통치기반이라는 점에서 민주주의와 유사하다. 공산주의와 파시즘을 대중이 받아들인 이유는 이들의 이데올로기가 세상의 복잡하고 어려운 질문들에 단순하고 명쾌한 답을 주기 때문이다.

공산주의나 파시즘 같은 전체주의 체계와 달리, 민주주의는 선택과 다원주의를 중시하고 통치권과 개인의 권리를 제한해야 한다고 주장한다.

C

D

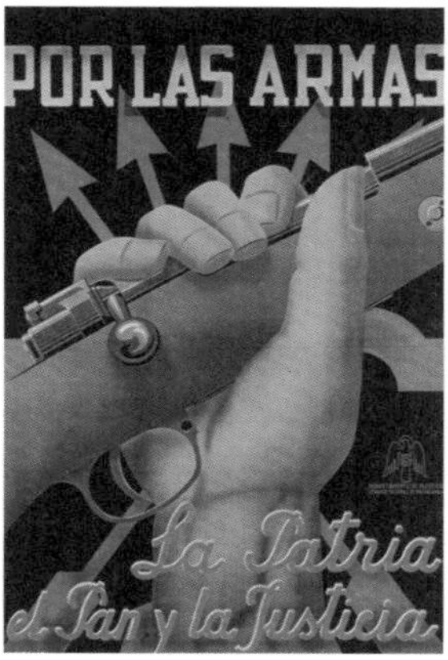

E

A

홀로코스트 1941~45년까지 나치 독일과 나치 부역자들이 자행한 대량학살로, 600만에 달하는 유럽 유대인들이 조직적으로 살해당했다. 유대인 외에 집시, 장애인, 동성애자, 로마인, 폴란드인, 소련의 전쟁포로와 그 밖의 소수집단들에 대한 대량학살도 자행되었다.

제2차 세계대전이 가져온 중요한 성과 중 하나는 1948년 세계인권선언 UDHR, Universal Declaration of Human Rights의 채택이었다. 나치가 자행한 유대인 대학살, 홀로코스트Holocaust의 공포를 경험하고 난 직후라 UDHR은 민주주의를 강조하는 대신 보다 많은 영역에서 인권을 증진하려 했다. 그러나 민주주의야말로 인권보호에 가장 도움이 되는 정치체계라는 점을 명시했다.

UDHR에는 민주주의 원리가 담겨 있다. 이를 뚜렷하게 보여주는 21조 3항에 따르면, "국민의 의지가 정부 권력의 기반이 되어야 한다. 이러한 의지는 정기적으로 실시되는 진정성 있는 선거를 통해 표현되어야 하며, 선거는 보통 선거권과 평등 선거권에 따라 비밀투표나 그에 상응하는 자유로운 투표절차 대로 이루어져야 한다." UDHR은 법적 구속력이 없지만, 역사상 가장 영향력 있는 국제 선언으로 평가받는다. 현재 UDHR은 민주적 권리를 증진하고, 이 권리를 침해하는 정부들에 압력을 가하기 위한 수단으로 활용된다.

제2차 세계대전의 종전과 함께 탈식민화 과정이 시작되면서, 민주주의는 전 지구적 주제가 되었다. 수십 혹은 수백 년 동안 외세의 억압적이고 권위적인 지배를 받아온 세계의 여러 지역들까지 민주주의가 퍼졌다. 아프리카와 아시아, 카리브해 연안 국가들은 민족자결권이라는 민주주의 사상에 따라 민족해방운동을 벌였고, 유럽 식민통치로부터 독립을 쟁취했다.

마하트마 간디Mahatma Gandhi(1869~1948), 콰메 은크루마Kwame Nkrumah(1909~72), 프란츠 파농Frantz Fanon(1925~61) 같은 인물들이 민족해방운동을 이끌었다. 대부분 유럽에서 공부한 이들은 식민지체계가 위선적이고 본질적으로 인종차별적이라는 사실을 직접 목격했다. 유럽의 식민지 본국들이 민주국가였음에도, 식민지 주민들을 억압적으로 통치했기 때문이다.

모한다스 마하트마 간디
변호사·철학자·인도의 독립운동 지도자. 대중에 기반을 둔 비폭력운동으로, 인도가 영국으로부터 확실하게 독립할 수 있게 이끌었다. 인도의 '국부'로 불린다.

콰메 은쿠르마 가나의 첫 번째 수상이자 대통령. 회의인민당을 창립한 후, 1957년 가나의 독립에 크게 공헌했다. 범아프리카주의를 열성적으로 옹호했으며, 아프리카통일기구Organisation of African Unity 창립회원으로 활동했다.

프란츠 파농
마르티니크 섬 태생의 정신의학자·철학자·혁명가·작가. 주로 식민주의와 탈식민화의 결과에 대해 고민하고 연구했으며, 많은 민족해방운동에 영감을 주었다.

A 1948년 파리에서 개최된 국제연합회의에서 미국의 영부인 엘리너 루스벨트가 외교관 제섭과 함께 찍은 사진. 그녀는 UDHR을 설계한 주요 인물들 가운데 한 명이었다. UDHR은 현존하는 가장 중요한 국제협정으로, 전 세계 모든 사람들의 기본적인 인권 보장을 목표로 한다.

B 1957년 가나 독립 기념행사에 참석한 켄트 공작부인의 사진. 가나는 사하라 사막 남부 아프리카에서 최초로 독립을 쟁취한 나라로, 아프리카 전역에 탈식민화과정을 불러 일으켰다.

B

A

인도 독립운동은 영국 동인도회사에 고용된 인도인 용병 세포이sepoy가 1857년 항쟁을 일으키면서 시작되었다. 독립운동을 이끌었던 간디와 자와할랄 네루Jawaharlal Nehru(1889~1964) 등은 대중을 기반으로 비폭력 저항과 시민불복종 전략을 사용했다.

1915년 간디가 남아프리카 여행에서 귀국한 이후, 인도 독립운동은 대중의 지지를 받으며 비폭력 저항운동으로 변화했다. 독립투쟁에 영향을 미친 중요한 사건들로는 1919년 영국 군대가 암리차르에서 자행한 비무장 시위대 대량학살, 1930년 소금의 생산과 판매를 사실상 불법으로 만든 소금세 신설에 항의하기 위해 간디가 주도했던 소금행진 Salt March, 1937년 영국 상품 불매운동 등이 있다. 1947년 10월에 독립을 쟁취하자마자 인도는 보통 선거제도와 의회제를 채택했고, 세계에서 가장 큰 민주주의 국가가 되었다.

B

식민지들이 대거 독립한 것은 제2차 세계대전 이후지만, 그 전에도 미국을 비롯한 많은 나라에서 자결권self-determination을 요구하는 운동들이 있었다. 가장 중요한 해방투쟁들 가운데 하나는 아이티에서 일어났다. 투생 루베르튀르Toussaint L'Ouverture(1743~1803)가 이끌었던 아이티Haiti혁명(1791~1804)에서 식민지 노예들은 노예제도를 철폐했고, 혁명을 분쇄하기 위해 나폴레옹이 보낸 프랑스 군대를 상대로 승리했다. 아이티는 최초의 흑인공화국이자, 당시 서반구에 들어선 두 번째 공화국이었다.

A 1942년 8월 봄베이에서 발생한 '인도를 떠나라Quit India'운동의 시위 장면. 이 운동이 성공하면서 5년 후 인도는 영국의 지배로부터 완전히 독립했고, 세계에서 가장 큰 민주주의 국가가 되었다. 대중 참여에 기반을 두었던 운동으로, 전 세계 시민사회운동에 영향을 미쳤다.

B 1930년 5월 봄베이에서 대규모 군중에게 연설하는 마하트마 간디의 비서. 시민불복종운동과 시위의 여세를 몰아 영국 상품 불매운동이 일어났고, 간디가 체포되었다. 불매운동은 핵심 전술의 하나였다.

C 1870년 조지 드밥티스테가 그린 과거 노예시절의 투생 루베르튀르. 그는 아이티혁명, 즉 노예반란으로 국가설립에 성공한 유일한 혁명의 지도자였다.

C

자와할랄 네루 인도의 첫 번째 수상이자, 독립운동 지도자들 가운데 하나. 1947~64년까지 수상을 지냈으며, 근대 인도국가를 설계한 인물로 평가받는다.

투생 루베르튀르 아이티혁명의 지도자로, 노예제를 폐지하고 아이티의 독립을 일구었다. 그의 군사적·정치적 전문성이 아이티공화국 설립에서 결정적 역할을 했다.

A

민주주의 국가에서 인종 편견에 사로잡혀 개인의 권리를 침해한 것이 식민주의만은 아니었다.

20세기 전반에 많은 민주주의 국가에서 인종 소수집단은 기본적인 시민권과 정치권을 인정받지 못했다. 미국에서 아메리카 원주민과 아프리카계 미국인이 전국적으로 완전한 투표권을 얻게 된 것은 민권운동Civil Rights Movement이 한창이던 1965년 투표권법Voting Rights Act이 통과된 이후였다.

마찬가지로 오스트레일리아 원주민도 1965년에야 전국적으로 완전한 투표권을 인정받았다. 하지만 차별 정책들은 그 후에도 오랫동안 많은 민주주의 국가에서 지속되었다. 인종 소수집단만 이러한 편견에 직면했던 것은 아니다. 대다수 민주주의 국가들에서 성 소수집단은 20세기 대부분을 차별 속에 보내야 했다. 예를 들어, 동성애는 북아일랜드에서는 1982년까지, 미국 일부 주에서는 2003년까지 불법이었다.

B

민권운동 아프리카계 미국인들을 대상으로 시행되던 인종 분리와 차별을 철폐하고, 그들의 시민적·정치적 권리 보호를 보장하기 위해 1950년대~60년대에 미국에서 벌어진 사회운동들을 가리킨다. 의회와 공조하여 중요한 입법개정을 성공시켰고, 차별관행들을 폐지시켰다.

식민주의 종식과 민권운동, 동성애자 권리운동으로 모든 사람이 젠더, 인종, 종교 혹은 성적 지향에 상관없이 기본적인 시민권과 정치권을 가진다는 개념이 확립되었다.

A 1950년 노스캐롤라이나 주에서 시행되었던 인종 분리정책의 한 사례를 보여주는 사진. 19세기 말 미국에 도입된 짐 크로 법Jim Crow laws으로 아프리카계 미국인과 백인은 서로 격리되었다. 사진과 같은 표지판을 이용하여 유색인들이 합법적으로 물을 마시고, 먹고, 걷고, 쉴 수 있는 곳이 어디인지를 알려줬다. 아프리카계 미국인들과 그 밖의 유색인들은 완전한 투표권을 갖지 못했다. 이러한 인종차별은 인간의 기본권을 심각하게 침해하여, 민주주의의 작동을 방해했다.

B 1963년 8월 '워싱턴 행진'에서 지지자들에게 손을 흔드는 민권운동 지도자 마틴 루터 킹Martin Luther King(19229~1968). 그는 이 행진이 "미국 역사상 가장 자유로운 시위"라고 말했다. 미국 민권운동은 모든 시민이 피부색과 관계없이 동등한 권리를 누려야 한다고 주장했다. 이 운동으로 1960년대 말 인종차별정책이 폐지되었다.

A

B

프랜시스 후쿠야마
미국의 정치과학자. 정치질서라는 주제와 관련하여 방대한 연구를 해왔으며, 《역사의 종언과 최후의 인간The End of History and the Last Man》(1992)라는 책으로 유명하다.

1989년 베를린 장벽 붕괴는 냉전 종식의 신호탄이었다. 냉전 동안 서구 자유민주주의는 소련이 주도한 권위적인 동구 공산주의 국가들과 대치상태에 있었다. 그러나 3장에서 살펴보겠지만, 민주주의 진영과 공산주의 진영 모두 자신의 정치 · 경제 이익을 위해 개발도상국의 민주주의를 침해했다.

소비에트 연방의 해체는 세계를 극적으로 변화시켰다.

미국 정치과학자 프랜시스 후쿠야마Francis Fukuyama(1952~)는 이러한 변화가 "역사의 종말"을 의미한다고 주장했다. 자유민주주의가 그 밖의 이데올로기나 통치방식들에 승리를 거뒀고, 그로 인해 동유럽 전역에 민주화 물결이 일어났기 때문이다.

동독과 폴란드, 체코슬로바키아 같은 나라들에서는 사회운동이 민주주의로 이행하는 과정에서 중요한 원동력으로 작용했다.

라틴아메리카에서도 대규모 민주화 시위가 발생해, 군사정권이 민주적 선출정부로 대체되었다.

A 1988년 그단스크의 레닌 조선소 파업 노동자들에게 연설하는 폴란드 자유연대Solidarity 지도자 바웬사Lech Walesa (1943~). 1980년 레닌조선소에서 독립 노동조합으로 출범한 자유연대는 보다 광범위한 사회운동으로 발전하여, 공산주의 지배를 종식하는 데 일조했다.

B 1989년 바르샤바대학교 학생들에게 연설하는 바웬사. 자유연대는 사회변화를 이끌어내기 위해 비폭력저항 전략을 사용했고, 정부는 진압으로 대응했다. 그렇지만 1989년 실시된 선거로 자유연대 주도의 연립정부가 구성됐고, 바웬사는 대통령에 당선되었다.

C 에보 모랄레스Evo Morales(1959~)는 원주민 출신의 첫 볼리비아 대통령으로, 2006년 대통령에 취임했다. 사회운동에서 시작하여 정치정당으로 전환한 사회주의운동당MAS의 후보로 출마하여 당선되었다.

C

A

미국 정치과학자 새뮤얼 헌팅턴Samuel Huntington(1927~2008)은 이러한 흐름에 민주화의 '제3의 물결'이라는 이름을 붙였다. 민주주의는 1970년대 중반 스페인과 포르투갈의 민주화를 시작으로, 라틴아메리카와 동유럽으로 그리고 많은 아프리카 국가들로 확산되고 있다. 이는 빈약한 경제성과로 권위주의 체제의 정당성이 약화되고, 민주 절차가 중요하다는 인식이 전반적으로 증가했기 때문으로 보인다.

A 1994년 남아프리카공화국 흑인 거주구역 소웨토에 설치된 투표소 바깥에서 차례를 기다리는 사람들의 줄. 1994년 선거는 모든 인종이 참여한 첫 선거였다. 남아프리카공화국 2,200만 시민의 대다수가 생애 처음으로 투표에 참여했다.

B 이 사진들은 이집트 타히르 광장에 모인 저항세력의 힘을 보여준다. 2010년 중동 전역에서는 아랍의 봄Arab Spring 민주화운동이 발발했다. 이 저항으로 억압적인 독재자들을 축출할 수 있었지만, 그 결과 민주화가 아닌 새로운 독재체제가 출현했고 대규모의 폭력적인 갈등이 발생했다.

새뮤얼 헌팅턴 미국의 정치과학자이자 정치고문. 정치발전·국제관계·정부비교 등을 중점적으로 연구했다. 하버드대학교에서 거의 전 생애를 보냈다. 대표작으로 《문명의 충돌The Clash of Civilizations and the Remaking of the World Order》(1996)이 있다.

1990년대에 민주주의는 계속해서 전 세계적으로 확산되었다. 남아프리카공화국의 아파르트헤이트가 폐지되었고, 넬슨 만델라가 대통령으로 당선되었다.

21세기가 시작되었을 때 민주주의는 이미 세계 모든 지역으로 뻗어나간 상태였다. 권력을 유지하는 데 혈안이 된 소수지배자들에 의해 때로는 폭력적으로 진압되기도 했지만, 중국이나 중동지역 독재국가들에서도 민주주의를 요구하는 대규모 시위들이 일어났다.

B

POUR L'ARRET
à la
JOC

2. 민주주의는 어떻게 작동하는가?

A

B

민주주의 통치체계에서 가장 중요한 원리는 바로 국민주권이다.

다시 말해, 국민이 최고 권력자이며 선출대표자들은 국민을 책임져야 한다. 이것이 민주주의가 다른 정치체계와 가장 크게 다른 점이다.

물론, 전 세계에서 시행되는 다양한 민주주의 제도들 사이에도 상당한 차이가 존재한다. 따라서 다음과 같은 중요한 질문들이 제기된다. 민주주의 제도들의 공통점은 무엇인가? 민주주의를 구성하는 여러 체계들은 시민의 삶을 개선하는 데 어떤 역할을 하는가?

C

D

A 선거참여를 독려하는 배지. 투표는 민주주의 시민의 중요한 권리이자 의무다.
B 유럽연합을 지지하는 배지. 민주주의 국가에서 시민들은 자신의 정치적 견해를 자유롭게 표현할 수 있다.
C 오바마 후보를 지지하는 2008년 대통령 선거운동 배지. 선거운동은 민주주의의 기본이다.
D 미국의 녹색당 배지. 민주주의 국가에서 시민들은 서로 다른 정치적 견해들을 두고 선택할 수 있어야 한다.

이 질문들에 답하기 위해 서문에서 살펴본 래리 다이아몬드의 민주주의의 4가지 기본요소로 돌아가 보자. 이는 다양한 정치제도들에서 광범위하게 나타난다. 구체적인 모습은 상황에 따라 다를 수 있지만, 이 4가지 기본요소는 모든 민주주의 제도에 존재한다.

민주주의 체계의 첫 번째 기본요소는 진정한 권력경쟁의 보장이다. 권력경쟁을 보장하는 주된 방법은 자유롭고 공정한 선거를 실시하여, 사람들이 자신의 정부와 대표자를 선출할 수 있게 하는 것이다.

선거는 민주주의를 결정하는 중요한 요소다.

A

B

민주주의 국가에서 선거권을 가진 시민들은 정책들이 만족스럽지 않거나 혹은 더 나은 대안이 있다고 생각하면, 투표로 정부를 교체할 수 있다. 전제정치 국가의 시민은 이러한 선택을 할 수 없다, 예를 들면, 중국을 변화시키려 했던 마오쩌둥Mao Zedong(1893~1976)의 대약진 정책Great Leap Forward이 실패했지만, 중국 인민들은 투표로 그를 권좌에서 내려오게 할 수 없었다.

선거는 민주주의의 기본이다. 그러나 선거를 시행하는 구체적인 규칙과 절차는 나라마다 다르다.

선거방식에 따라 국가를 통치하는 방식도 크게 달라질 수 있다. 선거 제도가 다르면, 정부 수반을 선출하는 방식도 달라진다. 미국과 같은 대통령제presidential system 국가에서는 시민이 직접선거로

마오쩌둥 중국 공산주의 혁명가이자, 중국인민공화국 건국의 아버지. 1949년 창당되었을 때부터 1976년 사망할 때까지 공산당 총서기를 지냈다.

대약진 정책 1958~62년까지 공산당이 중국에 도입한 경제·사회적 발의. 산업화와 집산화를 통해 중국을 농업경제에서 산업화된 사회주의 국가로 급속하게 변화시키는 것이 목적이었다. 그러나 기아문제를 발생시키고, 수천만이 죽는 결과를 가져왔다.

대통령제 공화주의에 기초하는 민주주의 제도. 대통령제에서는 정부수반이 행정부(법을 실행하고 집행하는 책임을 진다)를 이끌고, 행정부는 입법부(법을 만드는 책임을 진다)와 분리된다. 이 제도는 미국 대부분의 주, 남아메리카 대륙과 아프리카 대륙에서 실행되고 있다.

A 1969년 중국 공산당 선전 포스터. 선거를 통해 선출되지 않은 마오쩌둥 같은 지도자들은 국민에 대한 책임을 거의 지지 않는다.
B 소련의 투표 독려 포스터. 권위주의 국가들도 선거를 실시한다. 하지만 시민의 선택이 선거결과를 좌우하지는 못한다.
C 쿠바 지도자 카스트로와 소련 지도자 흐루쇼프를 그린 포스터. 두 사람은 냉전을 이끈 권위주의 진영의 대표 인물들이었다.
D 존 F. 케네디 후보를 지지하는 선거운동 포스터. 케네디는 1960년 선거에서 리처드 닉슨을 이기고, 1961년에 미국 대통령으로 취임했다.

C

D

행정부 수반(대통령)을 뽑는다. 하지만 영국과 같은 의회제parliamentary system 국가에서는 시민이 의회에서 자신의 지역(선거구)을 대표하게 될 사람을 선출하면, 의석을 가장 많이 얻은 정당이 행정부를 구성하고 정부 수반(수상)을 결정한다.

득표율이 의회 구성을 결정하는 방식도 다를 수 있다.

의회제 입법부가 행정부를 직간접적으로 지원하는 민주주의 제도. 의회가 법을 만들고 실행도 책임진다. 일반적으로 정부 수반(수상)과 국가의 수장이 다른 경우가 많다. 오스트레일리아, 캐나다, 인도, 영국 등에서 시행하고 있다.

비례대표제 당선 집단의 비율을 유권자의 선호에 맞춰 조정하는 선거제도. 다시 말해, 전체 투표수에서 정당이 획득하는 비율이 의회에서 차지하는 의석수를 결정한다. 따라서 모든 투표가 통치구성에 반영된다. 남아메리카와 유럽에서 시행하고 있다.

비례대표proportional representation 투표제를 시행하는 국가에서는 유권자가 자신이 찬성하는 정당에 투표하면, 정당들은 획득한 투표수 비율만큼 의회에서 의석수를 갖는다. 반면 다수대표first-past-the-post 투표제를 채택한 국가에서는 유권자가 자신의 선거구에 출마한 후보자 개인에게 투표하면, 득표율이 가장 높은 후보자가 의원으로 당선되고 당선자가 소속된 정당들로 의회가 구성된다. 즉, 다수 획득에 실패한 정당은 통치행위에 참여하지 못한다. 비례대표제의 장점이 투표결과를 당선자 선정에 그대로 반영하는 데 있다면, 다수대표제의 장점은 보다 확실한 승패결과를 보장한다는 데 있다.

A

선거만으로는 진정한 권력경쟁을 보장할 수 없다. 많은 비민주 국가도 선거를 치른다. 중국에서도 각급 선거들이 실시된다. 하지만 누가 후보로 투표용지에 이름을 올릴 것인지 결정하는 것은 중국 공산당이기 때문에 실제 유권자들의 선택에는 한계가 있다.

그러므로 자유롭고 공정한 선거는 민주주의 체계를 구성하는 핵심 원리 가운데 하나다. 이것이 보장되어야 모든 시민이 선거인 명부에 등록될 수 있고, 자신이 선택한 정치 후보자에게 공포나 협박 없이 비밀리에 자유롭게 투표할 수 있다. 또한 등록된 정당과 후보자들이 동등하게 선거경쟁을 벌일 수 있으며, 집회와 모임을 열 수 있고, 유권자들이 자신에게 투표권을 행사하도록 선거운동을 할 수 있다.

유권자들의 투표가 선거 결과에 반영되어야 공정한 선거라고 할 수 있다.

A 마한트 바라트다스 다르샨다스는 인도 서부 구자라트 주 기르 숲에 거주하는 유일한 유권자다. 인도 선거규칙에 따르면 모든 시민은 자신의 거주지 반경 2킬로미터 안에 위치한 기표소에서 투표해야 한다. 다르샨다스가 투표할 수 있도록 바네이에 임시 마분지 기표소를 설치하기 위해서 선거 때마다 투표 관리팀이 35킬로미터를 이동한다.

B 2004년 마이애미에서 열린 '투표 아니면 죽음을Vote or Die' 집회에서 군중들의 시선이 랩퍼 숀 콤스로 향해 있다. 이 캠페인은 미국 젊은이들의 투표 참여를 독려하기 위해 기획되었으며, 많은 유명인들이 지지했다.

그렇지만 많은 권위주의 국가에서 선거는 지배체제의 정당성을 높이기 위해 실시된다. 반대자들이 치안부대에 의해 감금되고 억압받거나, 정당들이 활동을 금지당하고 선거운동에 방해를 받는 일이 자주 일어난다. 권위주의 국가에서 선거는 집권당이 승리를 거두도록 조작된다. 이러한 선거는 자유롭지도, 공정하지도 않다. 왜냐하면 선거에서 이겨 정부를 구성할 수 있는 진정한 기회가 오직 집권당에게만 주어지기 때문이다.

B

A

정당은 민주주의를 구성하는 기본 제도다.

정당들은 선거에서 경쟁을 벌여 시민들이 어떻게, 누가 정치를 할 것인지를 직접 선택할 수 있게 한다. 정당이 다양한 정치 이데올로기와 관점을 대변하기 때문이다. 결과적으로 정당은 사회에 다원주의가 확립되도록 돕는다. 어떤 정당이 사회주의 성향을 보인다면, 어떤 정당은 자유주의나 보수주의를 강조하며, 또 어떤 정당은 환경보호를 우선시하기도 한다. 또한 야당으로서의 정당은 정부의 책임을 묻는 결정적인 역할을 수행한다.

A 발루치스탄 민족주의당 지지자들이 2013년 5월 퀘타에서 열린 부정투표 반대 시위에서 구호를 외치고 있다. 높은 투표율을 기록한 2013년 파키스탄 총선은 선거운동 과정에서 폭력과 불법이 난무했지만, 민주주의로의 획기적인 전환을 이룬 선거로 평가된다.

B 피선거권은 민주주의의 기본 원리 가운데 하나다. 이를 실천 중인 영국 음악가 스크리밍 로드 서치의 모습. 그는 풍자적인 군소 정당 오피셜 몬스터 래빙 루니(Official Monster Raving Loony Party)의 설립자로, 선거에 40번 이상 출마했다.

B

민주주의 체계의 두 번째 기본요소는 시민이 정치와 시민활동에 적극적으로 참여하는 것이다. 이것은 토크빌이 말한 민주주의 문화를 증진하기 위해 반드시 필요한 일이다(1장 참조). 시민은 공공의 문제만이 아니라, 정부가 권력을 어떻게 사용하고 있는지도 잘 알고 있어야 한다. 또한 다양한 쟁점들에 대한 자신의 견해와 선호를 표현해야 할 책임이 있다.

시민의 가장 중요한 의무 중 하나는 투표 참여다. 민주주의가 효과적으로 작동하기 위해서는 시민들이 여러 정당과 후보자들의 견해와 정책 입장을 제대로 이해하고, 이를 바탕으로 투표하는 것이 중요하다.

A

B

투표에서 정보에 근거한 결정을 내릴 수 있으려면, 시민들이 정치와 정부정책에 대해 잘 알고 있어야 한다.

대부분의 사람들은 신문이나 웹사이트의 뉴스기사를 읽고, 텔레비전 뉴스를 시청하여 정보를 얻는다. 따라서 정부에 통제되지 않는 독립 언론이야말로 민주주의 제도의 바탕을 이룬다. 이러한 언론은 문제가 무엇인지, 정부가 문제를 해결하기 위해 어떤 노력을 하고 있는지, 정부의 정책이 어떤 결과를 가져올 수 있는지 등에 대한 정보를 시민에게 알린다. 이 과정에서 언론은 정부가 책임과 투명성을 가지도록 강제하는 역할을 한다.

많은 비민주국가는 언론을 통제하고, 정보의 유통을 제한한다. 민주주의 감시단체 프리덤 하우스Freedom House에 따르면, 2017년 세계 45퍼센트 국가들이 '자유롭지 못한' 언론환경에 놓인 것으로 조사되었다. 이들 국가의 언론은 정부에 의해 전면적으로 통제되거나, 철저한 검열censored을 받는 상태였다. 언론이 가장 자유롭지 못한 나라는 투르크메니스탄, 북한, 우즈베키스탄이었다.

민주주의에서 정치와 시민활동에 참여한다는 것은 투표, 그 이상을 의미한다.

국민은 정당에 가입하고 공직에 출마할 수 있어야 한다. 공적인 문제들을 자유롭게 논의하고 토론할 수 있어야 한다. 또한 정부를 비판할 수 있어야 한다. 정부와 의회에 공적인 문제들을 청원할 수 있어야 한다. 나아가 변화를 추구하는 평화 시위가 허용되어야 한다. 민주주의 국가에 살고 있다면, 특정 이념을 대변하는 단체로부터 기부금을 요청받거나 탄원서에 서명해달라는 요청은 자연스러운 일이다. 물론, 직접 단체를 만들 수도 있다. 이 단체들은 시민사회의 일부다. 독립적인 시민사회가 존재해야 민주주의가 제대로 작동할 수 있다.

프리덤 하우스 1941년 미국에서 설립된 NGO. 민주주의, 정치적 자유, 인권에 대한 조사를 수행하고 옹호하는 일을 한다. 프리덤 하우스의 연례보고서는 전 세계 민주주의와 인권 실태를 가장 잘 보여준다는 평가를 받는다.

검열 정부나 사적 압력집단이 특정 자료를 외설적이라거나 정치적으로 받아들일 수 없다고 느끼거나, 혹은 안보에 위협이 된다고 판단하여 표현·사상·정보를 억압하는 행위를 말한다.

A 시민사회단체는 선출대표자와 대중을 연결한다. 또한 국제사면위원회Amnesty International가 소년병 전쟁 동원에 반대하여 제작한 이 포스터처럼 대중의 인식을 개선하기 위해 공익 캠페인을 벌이기도 한다.

B 시민이 정치에 참여하고 평화시위를 벌이는 것은 민주주의의 주요한 특징들 가운데 하나다. 국제사면위원회 같은 시민사회단체들은 인권보호를 비롯한 정치 문제들에 대중이 관심을 가지도록 촉구하고, 동원하는 데 힘쓴다.

C 시민사회단체들은 공개 자문회의들을 통해 정부정책에 활력을 불어넣고 영향력을 행사한다. 이 사진은 2017년 미얀마에서 〈일반 대중의 환경 영향평가 참여〉와 관련하여 가이드라인을 만들기 위해 개최된 전국 자문회의의 공개 토론과정을 촬영한 것이다.

C

시민운동은 민주화를 이루는 데 기폭제 역할을 해왔다. 하지만 민주화에 성공했다고 해서 역할이 끝나는 것은 아니다. 자유롭고 적극적인 시민사회는 민주주의를 실현하는 중요한 요소이며, 정책결정에 활기를 불어넣고 영향을 미치기 때문이다. 시민 단체들은 광범위한 쟁점과 신념들을 아우른다. 이들은 다양한 직업과 기업의 이익을 대변하기도 하고, 노동조합을 대표하여 특정 부문 노동자들의 권리를 증진시키는 일에 매진하기도 한다. 또한 다양한 종교적 견해와 정치적 관점을 대변할 수도 있다. 따라서 정당처럼 시민사회도 사회에 존재하는 다양하고, 상이한 의견들이 제기되고 존중받을 수 있게 만드는 역할에 일조한다.

시민사회가 수행해야 하는 중요한 역할들 가운데 하나는 개인의 기본권을 보호하고, 확대하는 일이다.

다시 말해, 시민사회는 여성, 아동, 인종 소수집단, 성소수자 같은 특수 집단의 권리를 보호하는 데 초점을 맞추어야 한다.

A

B

A 1984년에 영국 경찰이 파업 중인 광부들을 에워싸고 있다. 민주주의 국가에서 노동자들은 조직을 결성하고, 노동조합에 가입하고, 파업할 권리를 가진다. 이는 그 자체로 기본적인 권리일 뿐 아니라, 노동자들의 다른 권리들을 향상하고 보호하는 데도 도움이 된다.

B 더반에서 촬영한 이 벽화에는 남아프리카공화국의 권리장전이 쓰여 있다. 많은 민주주의 국가가 권리장전을 제정하여 모든 시민에게 개인의 권리를 보장한다.

민주주의 체계의 세 번째 기본요소는 개인의 권리보호다. 1장에서 살펴보았듯이, 대부분의 개인 권리는 세계인권선언UDHR에 구체화되어 있다. 보호받아야 할 기본권에는 자신의 신념에 충실할 권리, 표현과 결사의 자유를 누릴 권리, 국내와 국외를 여행할 권리, 자신의 종교와 문화(소수집단이라 할지라도)를 따를 권리 등이 포함된다. 또한 정부 조치에 비판하고 저항할 수 있는 권리도 포함된다. 시민이 자신의 권리를 평화적으로 행사하고, 다른 시민의 권리를 침해하지 않는 한 정부(아무리 대다수 국민의 지지를 받는 정부라 할지라도)가 권리를 박탈할 수는 없다.

이 세 번째 요소는 아마도 다이아몬드의 민주주의 정의에서 가장 논쟁의 여지가 많을 것이다. 그러나 개인의 권리를 보호하느냐 아니냐는 민주주의와 비민주주의 체계를 가르는 가장 뚜렷한 차이이다. 많은 전제정치 국가에서 표현의 자유와 같은 개인의 권리들은 거의 완전히 제한된다. 실제로 독재정권이라면, 이 책처럼 정치를 논하고 정부를 비판하는 서적들은 검열과 금지의 대상이다.

개인의 권리보호는 민주주의 체계를 구성하는 다른 부분들이 작동하기 위해서라도 반드시 필요하다. 시민들이 진정한 의미에서 제대로 투표할 수 있으려면 자유롭게 정보를 얻고 자신의 견해를 말할 수 있어야 한다. 정치활동과 시민활동에 참여할 수 있으려면 여러 다양한 문제들에 대해 공개적으로 자유롭게 말할 수 있고, 정당이나 시민사회단체에 가입할 수 있으며, 평화적으로 시위할 수 있는 권리를 보장받아야 한다.

International New York Times

China report on climate change takes somber view

How ISIS wrings cash from those it controls

Thai spirits sagging with the economy

International New York Times

China report on climate change takes somber view

How ISIS wrings cash from those it controls

A

B

표현의 자유와 같은 기본권이 모든 민주주의 체계에 반드시 필요하다면, 어떤 권리들은 논쟁의 여지가 있고 국가마다 조금씩 다를 수 있다. 예컨대, 사형은 유럽연합 회원국들처럼 인권침해 문제라고 볼 수도 있지만, 미국이나 인도처럼 인권침해와 무관한 사안이라고 여길 수도 있다. 음식이나 건강과 같은 경제적 권리들은 많은 민주주의 국가들에서 관심을 덜 받을 수도 있고, 보호의 수준이 낮을 수도 있다.

C

A 왼쪽은 2015년 12월 1일자 《뉴욕타임스》지 국제 뉴스로, 검열 전 장면이다. 오른쪽은 태국 경제문제에 관한 기사가 정부에 의해 삭제된 후 기사 삭제는 자신들의 뜻이 아니라는 편집자들의 메시지로 대체된 모습이다.

B 런던 하이드 파크에서는 1860년대부터 공개토론이 열려왔다. 사진 속 자유발언대에서 군중에게 연설하는 사람은 공산당 하원의원 샤푸르지 사클라트바라로, 1933년 독일연방의회 의사당에서 일어난 방화사건 용의자들을 석방하라고 요구하고 있다.

C 1993년에 한 연설자가 표현의 자유를 옹호하는 문구가 쓰인 우유 운반상자를 자유발언대에 놓고 올라서서 군중에게 연설하고 있다.

민주주의 체계의 네 번째 기본요소는 법치다. 민주주의 국가에서 정치지도자와 정부는 법에 따라 국가를 운영해야 하며, 법을 어겨서는 안 된다. 민주주의는 법치에 기반한 제도로, 군주제나 독재정치에서처럼 통치자의 독단적 결정에 흔들리지 않는다. 법치는 정부의 권력을 제한하고, 사회질서를 유지하며, 개인의 권리를 보호하기 위해 민주주의에 반드시 필요한 요소다.

견제와 균형 입법부·행정부·사법부로 분리된 각 통치영역에 다른 영역의 행동을 막을 수 있는 권력을 부여하는 통치원리를 말한다. 견제와 균형이 취하는 구체적인 형태는 나라와 제도에 따라 다르다. 미국 대통령제에서 견제와 균형의 원리는 입법부에서 만들어진 법에 행정부 수반인 대통령이 거부권을 행사하거나 사법부가 위헌심판을 내리는 것으로 표현된다. 견제와 균형은 어떤 하나의 통치 영역도 지나치게 강력해질 수 없도록 미연에 방지한다.

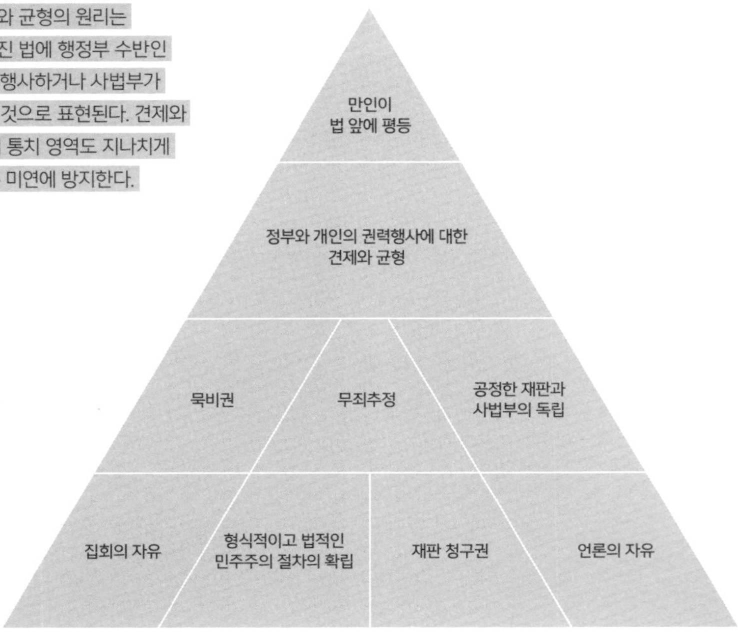

A

B

A 법치는 원칙들로 이루어진 하나의 위계체계로 볼 수 있다. 맨 위에는 만인이 법 앞에 평등하다는 원칙, 바로 아래에는 정부와 개인의 권력에 대한 견제와 균형 장치들이, 그 아래에는 체포와 구금의 문제를 다루는 원칙들(침묵할 권리, 무죄추정의 원칙, 공정한 재판을 판을 권리 등)이 자리 잡고 있다. 그리고 맨 아래에 개인의 기본권과 관련된 원칙들(표현의 자유를 보장받을 권리 같은 기본권들도 법치의 중요한 요소다)이 있다.

B 2014년 이탈리아 대법관 회의. 대법원은 국가사법체계에서 최상급 법원이다. 민주주의 체계에서 법치가 실현되고 있는지를 확인하는 중요한 역할을 한다.

나아가 법치는 모든 시민이 법 앞에서 동등한 대우를 받아야 하며 인종, 민족, 젠더, 종교를 이유로 차별받아서는 안 된다는 것을 뜻한다. 정부는 시민을 근거 없이 체포하거나 투옥할 수 없다. 따라서 경찰에 구금되는 경우 모든 시민은 혐의가 무엇인지를 알 권리가 있으며, 편견 없는 법정에서 공정하고 공개적인 재판을 받을 권리가 있다.

입헌민주주의 국가에서 법치는 통치를 담당하는 세 기관(법을 만드는 입법부, 법을 실행하는 행정부, 법이 준수되도록 강제하는 사법부) **사이의 권력 분립에 기초하여 이루어진다. 권력 분립으로 각 기관은 서로에 대해 견제와 균형**checks and balance**을 유지한다.**

A

A 1954년 브라운 대 교육위원회 소송에서 미국 대법원은 흑인어린이와 백인어린이를 분리하여 서로 다른 공립학교에 다니도록 하는 주 법률이 위헌이라고 판결했다. 이는 민권운동에 엄청난 힘을 실어주었고, 미국에서 인종분리정책을 폐지하는 데 이바지했다.

B 1974년 8월 8일 발행된 이《뉴욕포스트》특별호 표지는 리처드 닉슨 대통령이 워터게이트 사건으로 사임하게 되었다는 소식을 전하고 있다.

C 1977년 4월 영국 뉴스 해설자 데이비드 프로스트가 전임 미국 대통령 닉슨과 인터뷰하는 장면. 닉슨은 "대통령이 하는 일이라면, 그것이 무엇이든 불법이 아니다"라는 유명한 주장을 펼쳤다. 그렇지만 이 말은 법치와 정면으로 충돌한다.

독립적인 사법부는 민주주의 제도들 중 가장 결정적인 역할을 한다. 사법체계는 국가 운영이 법치에 부합하도록 강제해야 할 책임이 있다. 또한 국가와 개인 사이에 발생하는 분쟁을 해결하고, 민주주의 국가에서 권리를 보호하고 증진하는 중요한 역할을 한다.

법치는 민주주의 국가에서 통치 권력을 제한할 수 있는 수단이기도 하다. 민주주의에서는 국가지도자를 포함하여 그 누구도 법 위에 군림하지 못한다. 법을 어기는 지도자는 공직에서 해임된다. 가장 유명한 예가 1970년대에 발생한 워터게이트 사건 Watergate scandal일 것이다. 이 사건으로 당시 미국 대통령이었던 리처드 닉슨Richard Nixon(1913~94)의 사임을 촉구하는 탄핵절차가 시작되었다.

EXTRA

New York Post

FINAL

NIXON QUITS TONIGHT

Addresses Nation at 9

B

워터게이트 사건 1970년대 초 미국에서 발생한 정치 스캔들. 1972년 워터게이트 빌딩에 위치한 민주당 전국위원회 본부에 괴한이 난입하는 사건이 발생했다. 닉슨 대통령은 자신이 연루되었다는 사실을 은폐하려했으나 실패했고, 결국에는 헌정위기 상황을 초래했다. 수사를 통해 권력 남용이 여러 차례 이루어졌다는 사실이 밝혀졌다. 닉슨은 사임할 수밖에 없었고, 행정부의 많은 인물이 기소되었다.

리처드 닉슨 1969~74년까지 미국의 대통령을 지냈다. 1972년 선거에서 닉슨이 조지 맥거번에게 압승을 거둔 직후 워터게이트 사건의 전모가 드러나기 시작했다. 1974년에 대통령직을 사임했는데, 이로써 그는 미국 역사상 중도 사임한 첫 번째 대통령이 되었다.

민주주의는 다양한 방식으로 통치 권력을 제한한다. 미국 대통령제는 견제와 균형을 통해 행정권을 제한한다. 권력은 대통령과 의회, 주와 지방정부로 분산되며 사법부는 헌법을 근거로 법령들을 무효화할 수 있다. 반면에 영국 의회제에는 견제와 균형을 위한 장치들이 거의 존재하지 않는다. 성문법도, 연방제도 없다. 의회 다수당이 정부를 구성하는 영국식 체계는 정부가 법안을 보다 쉽게 통과시킬 수 있게 해주는 수단이라는 비판이 최근까지도 제기되고 있다.

C

그렇다면, 민주주의는 역사상 가장 효과적인 국가 운영 방식인가? 민주주의를 구성하는 여러 부분은 서로 어떻게 협력하여 효과적인 통치체계를 만들어내는가? 민주주의 국가의 시민은 어떤 이점을 누리는가?

A 1945년 5월 가장 큰 나치 강제수용소들 중 하나였던 오스트리아 에벤제 수용소 생존자들의 모습을 촬영한 사진. 나치가 자행한 대량학살로 유태인 600만 명이 살해되었다.

B 1975~79년까지 캄보디아의 잔학한 크메르루주Khmer Rouge 정권은 수천 명을 프놈펜 투얼 슬랭 감옥에 투옥한 후 극한의 고문을 가하고 사형에 처했다. 캄보디아 대량학살로 약 150만~300만에 이르는 사람들이 살해당했다.

A

민주주의의 가장 큰 장점 가운데 하나는 다른 어떤 방식보다 국민에게 더 많은 자유를 준다는 것이다. 민주주의에서 권력은 시민이 계속 지지할 때만 유지된다. 따라서 지도자의 권력은 제한되고, 전제정치의 출현은 미연에 방지된다. 정의대로라면, 국민의 기본권은 독재정권보다 민주주의 정부에서 더 존중된다.

결과적으로 민주주의는 나치가 일으킨 홀로코스트처럼, 몇몇 독재정권을 생각할 때면 떠오르는 잔학행위들이 일어나지 않도록 한다.

B

전체주의 독재체제에서는 시민들이 정치 영역과 국정 운영 방식에 대해 발언권을 가지지 못한다. 뿐만 아니라 경제, 교육, 예술, 과학, 도덕을 비롯한 시민의 모든 공적 활동과 사생활이 통제된다. 히틀러의 독일, 스탈린Joseph Stalin(1879~1953) 치하의 소련과 오늘날의 북한이 대표적이다. 투르크메니스탄의 지도자였던 사파르무라트 니야조프Saparmurat Niyazov(1940~2006)가 달력 날짜에 자신과 가족의 이름을 가져다 붙였다는 일화는 전체주의 통제가 얼마나 우스꽝스러울 수 있는지를 보여주는 단적인 사례다.

극단적인 예들을 제외하더라도 민주주의는 비민주주의보다 개인의 자유를 더 많이 보장한다. 민주주의 국가에서 국민은 정부를 공개적으로 비판할 수 있으며, 무엇을 읽고, 어디에서 정보를 얻을지를 선택할 수 있을 뿐 아니라, 지지하는 신념과 인물을 원하는 대로 결정할 수 있다.

이오시프 스탈린 소련 혁명가이자 지도자였다. 1920년대 중반부터 1953년 사망할 때까지 독재자로 소련에 군림했다. 제2차 세계대전 동안 소련을 이끌면서, 독일을 패배시키는 데 결정적인 역할을 했다. 스탈린 통치는 전체주의, 광범위한 정치적 억압, 대량학살이 결합된 것이었다.

사파르무라트 니야조프 투르크메니스탄이 독립한 1990년부터 2006년 사망할 때까지 대통령을 지냈다. 그 전에는 소련 내 투르크메니스탄 공산당 제1서기였다. 세계에서 가장 권위적이고 억압적인 독재자들 중 하나로 알려져 있다.

A

B

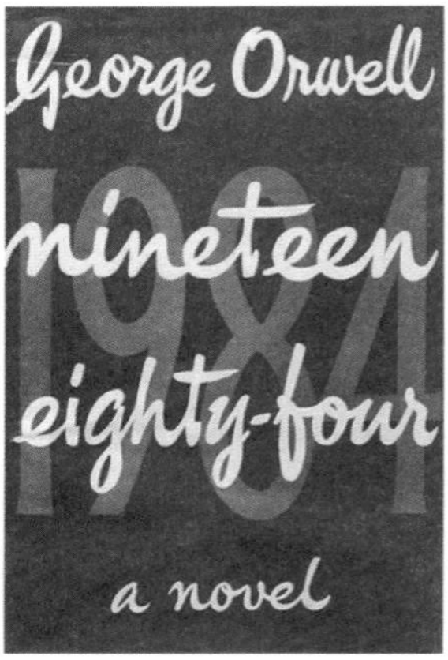

C

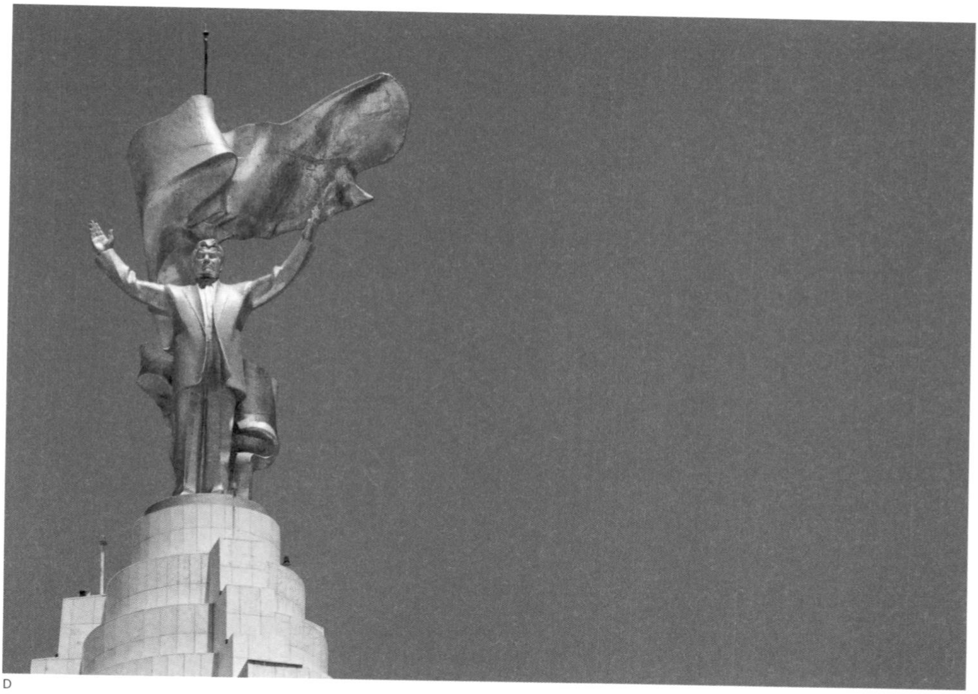

D

즉, 민주주의는 자신이 원하는 삶을 살 수 있는 기회를 개인에게 더 많이 제공한다.

또한 사람들은 민주주의가 시민을 더 부유하게 만든다고 생각한다. 현재 세계에서 가장 부유한 나라들은 민주주의 체제인 경우가 대부분이다. 물론, 민주주의가 경제발전을 가져오는 것인지, 경제발전이 민주주의의 발전을 촉진하는 것인지는 논쟁의 여지가 있다.

A 1925년 출간된 프란츠 카프카의《소송The Trial》은 혐의도 모른 채 체포된 한 남자의 이야기다. 전체주의와 뒤섞인 관료제를 비판하고 있다.

B 올더스 헉슬리의《멋진 신세계Brave New World》(1932)는 디스토피아 소설이다. 헉슬리가 그리는 미래에서 '세계국가World State'를 다스리는 폭군들은 세뇌로 사람들을 복종하게 만든다.

C 조지 오웰은《1984》(1949)에서 모든 곳에 존재하는 정부 감시로 개성이 말살되는 미래를 그렸다.

D 사파르무라트 니야조프는 투르크메니스탄에 개인숭배를 확립했다. 금으로 자신의 동상을 만들고, 발레와 오페라 공연을 금지시켰으며, 자동차 라디오청취를 불법화하고, 젊은이들이 턱수염이나 머리를 기르지 못하게 했다. 이러한 예들은 그의 정권이 국민의 삶 곳곳에 스며들어 모든 것을 통제하려 했다는 증거다. 니야조프는 세계 최악의 인권침해범들 중 하나였다.

A

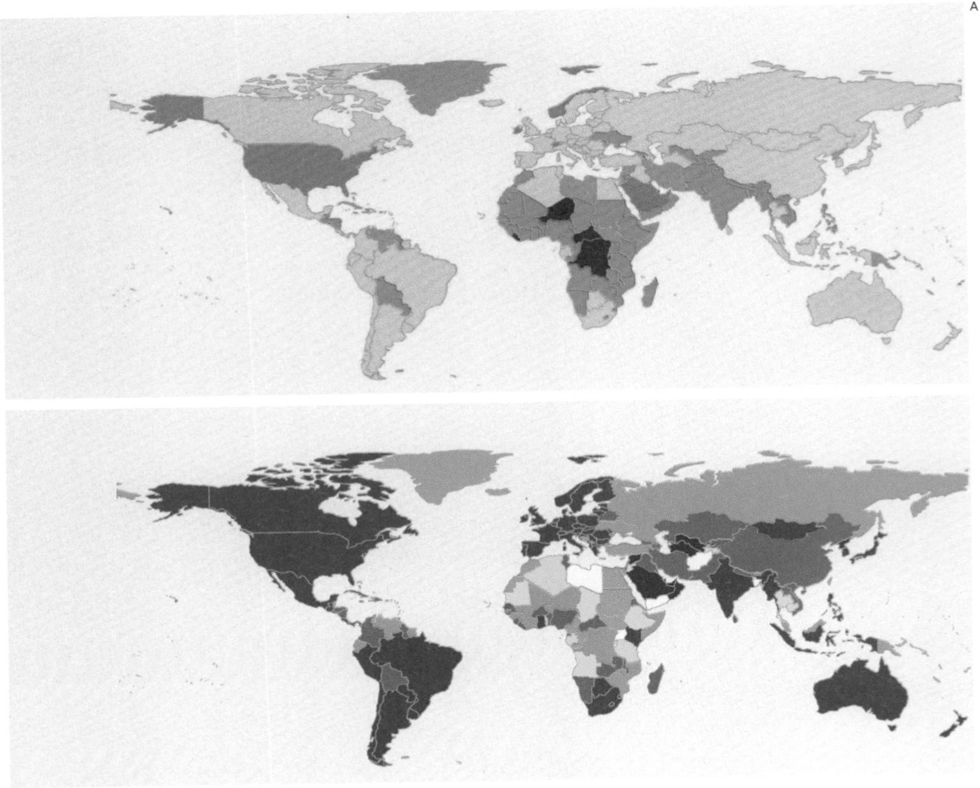

A 2016년 1인당 GDP 수준을 보여주는 세계지도(위)는 같은 해인 2016년 민주주의의 수준을 보여주는 세계지도(아래)와 놀랄 정도로 비슷하다. 민주주의 지도는 정체 IV 지수(Polity IV index)에 따라 국가들에 -10점(가장 민주적이지 않은)에서 +10점(가장 민주적인) 사이의 점수를 주고 얻은 결과 값이다. 대체로 가장 부유한 나라들이 가장 민주적이었다. 이 결과에 대해 어떤 이들은 부유한 나라일수록 민주주의가 발전하다고 생각하는데 반해, 어떤 이들은 민주주의가 경제적 성장을 가져 온다고 본다.

B 콩고민주공화국 그바돌리테에 남아있는, 한때는 화려했을 모부투의 궁전 잔해. 모부투는 전형적인 부패 독재자였다. 대부분의 국민들이 극심한 빈곤에 시달리는 데도, 국가 자원을 이용해 자신의 배만 불렸다.

C 모부투는 그바돌리테에 있는 궁전과 국제공항에 수백 만 달러를 쏟아 부었다. 하지만 그가 1997년 콩고민주공화국에서 도망치자 궁전은 약탈당했다. 붕괴 직전의 버려진 건물들은 과도한 전체주의 통치의 상징과도 같다.

노벨상 수상자 더글러스 노스Douglass North(1920~2015)를 비롯한 영향력 있는 경제학자들은 정치제도가 경제발전을 결정하는 가장 중요한 요인이라고 주장한다. 그에 따르면, 민주주의 국가가 전제주의 국가보다 경제발전을 지속적으로 경험한다. 민주주의에는 지속적인 경제발전을 가능하게 하는 다양한 요소들이 존재하기 때문이다.

민주주의 제도는 정치엘리트의 권력을 제한하여, 경제발전에 걸림돌이 되는 고위층의 부패를 방지한다.

부패한 독재자들이 국가의 부를 사적으로 사용한 예는 무수히 많다. 아마도 가장 악명 높은 인물은 자이르(현 콩고민주공화국)의 군부통치자였던 모부투 세세 세코Mobutu Sese Seko(1930~97)일 것이다. 자이르 국민 대다수가 극빈 상태로 사는 동안 그는 나랏돈 150억 달러를 횡령했으며, 콩코드 제트기를 타고 파리로 날아가 흥청망청 소비했다. 민주주의는 책임과 투명성을 담보하는 제도들로 이러한 권력남용을 예방한다.

민주주의는 법치를 실현하고, 개인의 권리를 보호하면서 재산권을 보장한다. 재산권의 보호야말로 경제성장을 결정하는 가장 중요한 요소다. 사람들이 투자하고 노력한 만큼 이득을 얻을 수 있으려면, 재산권이 보장되어야 한다. 이익이 클수록 더 많은 투자를 하려는 동기가 생기고 이에 따라 경쟁이 활성화된다. 민주주의가 강조하는 개인의 권리보호와 정보의 자유로운 유통은 창조성과 기업가정신을 고취시켜 경제를 발전시킨다. 한 마디로, 시장 자본주의는 민주주의에서 가장 잘 자라나며 이렇게 성장한 자본주의는 사회의 부를 증가시킨다.

B

C

더글러스 노스 미국의 경제학자이자 제도경제학의 개척자. 경제이론과 양적방법을 경제사에 적용하여 경제적·제도적 변화에 대한 이해를 확장한 공로를 인정받아 1993년 노벨 경제학상을 받았다.

모부투 세세 세코 1965~97년까지 콩고민주공화국(그가 자이르로 이름을 바꿨다)의 대통령을 지낸 군사독재자. 벨기에의 도움으로 쿠데타를 일으켜 권력을 잡았다. 전형적인 독재자로 알려져 있다. 고도로 전제적인 통치와 개인숭배를 확립했고, 사적으로 막대한 부를 축적했다.

공공재 누군가가 이용한다고 해서 다른 누군가의 이용 기회가 줄어들지 않으며, 누구라도 사용할 수 있는 재화와 서비스를 말한다. 따라서 한 개인이 아니라 사회 전체에 혜택을 제공한다.

아마르티아 센 인도의 경제학자이자 철학자. 현재 하버드대학교 토머스 러몬트 교수다. 복지경제학에 관한 연구로 1998년 노벨경제학상을 받았다.

하일레 셀라시에 1930~74년까지 에티오피아 황제였고, 1916~30년까지는 왕세자였다. 1974년 쿠데타로 전복될 때까지 절대권력을 누리며 에티오피아를 통치했다.

민주주의 국가에서 정부는 공공재public goods를 공급하고, 교육과 법집행 같은 서비스들을 폭넓게 제공하며, 사회의 행복 수준을 올릴 수 있는 정책들을 시행해야 한다. 만약, 이러한 일들을 제대로 수행하지 못하면 다음 선거에서 정권 교체가 일어날 수도 있다. 민주주의 국가는 비민주주의 국가보다 공공재에 더 많은 자원을 사용할 수밖에 없다.

언론과 시민사회 단체들은 공공재에 시민이 관심을 갖도록 하여, 정부의 책임을 더욱 강화하는 역할을 한다.

민주주의가 경제성장의 원인인지, 아니면 경제성장이 민주주의를 촉진하는지에 관해서는 의견이 분분하다. 그렇지만 민주주의가 최악의 빈곤을 피하게 해주었다는 점에서는 일반적으로 의견이 일치한다. 현재 전 세계에서 가장 가난한 나라들은 민주주의 국가가 아니다.

A

A 에티오피아의 하일레 셀라시에 황제는 1973년 발생한 대기근을 해결하기 위해 조치를 취하는 대신 감추기에 급급했다. 언론의 자유가 없었기 때문에 많은 사람들이 참담한 기근이 발생하고 있다는 사실을 알지 못했다. 영국 텔레비전 뉴스 진행자인 조너선 딤블비와 그의 뉴스 제작팀이 가까스로 에티오피아에 들어가 〈알려지지 않은 기근Unknown Famine〉이라는 제목의 다큐멘터리를 제작했고, 이로 인해 많은 에티오피아인과 전 세계인들이 무슨 일이 일어나고 있는지를 알게 되었다. 곧 에티오피아에서도 뉴스보도가 이어졌으며, 시위와 사회불안이 뒤따랐다. 그 결과 셀라시에 황제는 몰락했다. 1980년대 황제 대신 권력을 잡은 전제정권 하에서 다시 엄청난 기근이 발생했다. 그러나 이와는 반대로, 민주주의가 확립된 국가들은 에티오피아에서와 같은 기근을 경험한 적이 없다.

B 1984년 에티오피아 전쟁 동안 식량이 부족해서 많은 어린이들이 굶주림으로 고통받았다. 약 100만 명이 기아로 사망했지만, 정부는 거의 아무런 대응도 하지 않았다. 이러한 기근이 민주주의 국가들에서 발생하지 않는 이유 중 하나는 정치지도자들이 위기를 미연에 방지해야 할 강력한 동기를 가지고 있기 때문이다.

B

실제로 민주주의가 제대로 작동하는 나라에서 기아가 발생한 적은 없었다. 이것은 노벨 경제학상 수상자 아마르티아 센Amartya Sen(1933~)이 기아문제를 연구하며 발견한 중요한 사실 가운데 하나다. 센은 기아문제가 전제정치 국가들에서 발생하는 경향이 있다고 주장한다. 기록적인 기근은 1940년대 영국의 지배를 받던 벵골지방에서, 1950년대 후반 대약진정책이 실패로 끝났던 중국에서 그리고 하일레 셀라시에Haile Selassie(1892~1975) 황제가 다스렸던 1970년대와 임시군사행정위원회인 데르그Derg를 통해 군부가 통치했던 1980년대의 에티오피아에서 발생했다. 기아문제는 필요한 식량이 부족해서라기보다, 잘못된 통치방식에 따른 분배의 실패로 발생하기 때문이다. 민주주의 국가에서는 위기를 피해야 하는 정치지도자들의 강한 동기가 자유언론의 감시와 결합하면서 기아를 방지하는 역할을 한다.

민주주의는 국내 평화와 안정을 강화하는 데 더욱 기여하는 측면이 있다. 민주주의에는 내부 갈등을 피하는 데 도움이 되는 몇 가지 특징들이 존재한다.

A

임마누엘 칸트 독일철학자로, 가장 중요한 근대 철학자들 가운데 하나로 평가되고 있다. 그의 연구는 형이상학, 정치이론, 인식론, 윤리학에 지대한 영향을 미쳤다.

A 1984년 프랑스 대통령 프랑수아 미테랑과 독일 총리 헬무트 콜이 두오몽 묘역에서 만나는 장면. 두 나라 사이의 오랜 갈등이 끝난 지금, 프랑스와 독일이 전쟁을 벌였다는 사실은 상상하기 힘들다. 많은 사람은 이러한 변화가 두 나라 모두 민주주의를 이미 확립한 상태였기 때문에 가능했다고 말한다.

B 필립보 미넬리가 제작한 이 정치적 예술작품은 모리타니 누악쇼트에 설치되어 있다. 2008년 그가 낡은 보트 위에 '민주주의'라고 쓴 일주일 뒤에, 모리타니의 군 장성들이 민주적으로 선출된 압둘라정부를 쿠데타로 전복시켰다.

민주주의 제도는 다양한 사회 집단들이 정치과정에 참여해, 불만을 제기할 수 있는 기회를 제공한다. 따라서 불만이 있는 집단이 폭력을 동원하여 자신의 목적을 달성할 위험은 줄어든다. 민주주의는 책임성을 강조하는 장치들을 통해 정부가 여러 집단이 제기하는 우려들을 해결하도록 강제한다. 앞에서 살펴보았듯이, 민주주의의 핵심 원리 중 하나는 정부권력을 제한하는 것이다. 다시 말해, 정부는 사회 집단들의 권리를 쉽게 침해할 수 없기 때문에 이들이 정부에 맞서 무력을 사용할 가능성은 높지 않다.

민주주의 국가는 제도적 장치를 이용해, 갈등의 덫에 빠지지 않을 수 있다. 앙골라나 모잠비크 같은 많은 비민주 국가에서는 내전으로 사람들이 죽고 생활터전이 파괴되는 일이 반복되고 있다. 반면, 기니나 라이베리아처럼 유혈 내전을 경험해온 나라들도 민주주의로 이행하면서 평화가 정착되고 있다.

민주주의는 국내뿐 아니라, 국제 평화도 증진시킨다. 민주주의가 확립된 나라들 간에 전쟁이 발발한 경우는 없었다. 이것은 국제관계에 대한 가장 중요한 발견들 가운데 하나로, 민주주의 평화이론을 뒷받침한다. 이 이론은 독일 정치철학자 임마누엘 칸트Immanuel Kant (1724~1804)의 연구에 뿌리를 두고 있다. 칸트는 공화정들이 하나의 국제체계를 구성한다면 전쟁은 감소할 것이라고 주장했다. 왜냐하면 국민 대다수는 방어가 아닌 다음에야 전쟁에 나서는 일에 찬성하지 않을 것이기 때문이다. 따라서, 만약 모든 나라가 대의민주주의를 실시한다면 어떤 나라도 전쟁을 일으키지 않을 것이다.

민주주의 평화이론을 지지하는 사람들은 민주주의 국가가 다른 민주주의 국가와 전쟁을 벌이지 않는 이유에 대해 여러 해석을 제시한다. 이들은 지도자들이 유권자들에게 전쟁으로 발생하는 손실을 책임져야 하기 때문에, 민주주의 국가들은 서로를 적대적이라고 여기지 않기 때문에, 국민을 책임져야 하는 정부는 외교 경로를 통해 긴장관계를 해소하려는 경향이 보다 강하기 때문에, 평화가 유지된다고 주장한다.

B

3. 민주주의에는 어떤 한계가 있는가?

민주주의를 실현하는 데는 많은 제약이 따른다.

이는 부분적으로 민주주의를 구성하는 여러 부분들 사이에 긴장과 모순이 존재하기 때문이다. 또는 광범위한 정치, 경제, 사회적 요인들이 민주주의가 작동하는 방식에 영향을 미치기 때문이기도 하다. 민주주의가 출현한 이래로 많은 사람들이 민주주의가 정말로 가장 효과적인 통치 방식인지 의심해왔다. 어떤 이들은 민주주의가 과연 다른 통치방식들과 실제로 다른가라는 문제를 제기하기도 한다.

시민과 선출대표자 사이에 존재하는 긴장관계는 대의민주주의를 위협하는 가장 주된 요인이다. 민주주의에서 주권은 국민에게 있다. 하지만 권력은 선출대표자에게 위임된다. 국민은 이들이 국민을 대신해서, 국민의 이익에 따라 국가를 운영할 것이라고 기대한다.

A 선거운동에 막대한 돈이 개입하면서 민주주의 정치가 오염되고 있다는 주장이 있다. 미국에서는 거액의 돈이 정치권으로 흘러들지 못하게 해야 한다고 주장하는 데모크라시 스프링Democracy Spring 운동이 시작되었다.

B 루퍼트 머독과 같은 언론 거물들의 정치적 영향력이 민주주의를 약화시킨다는 우려가 증가하고 있다. 머독은 2011년 7월 선거운동을 전문으로 하는 기업그룹 핵트오프Hacked Off를 출범시켜, 좌파인 데이비드 캐머런과 우파인 제러미 헌트를 좌지우지했다.

A

B

조지프 슘페터 오스트리아 출신의 미국 경제학자이자 정치과학자. 그는 생애 대부분을 하버드대학교에서 보냈으며, 20세기 가장 영향력 있는 경제학자들 중 하나다.

과두제 권력이 소수(일반적으로 사회에서 가장 부유한 사람들)에게 집중되는 정치체계를 말한다.

뉴스 코퍼레이션 1978년 오스트레일리아 출신 미국 억만장자 루퍼트 머독이 설립한 다국적 대중매체 기업. 전 세계 여러 곳의 신문, 잡지, TV 회사들을 소유하고 있었으나, 2014년 모기업을 분할해 후계자들에게 승계했다.

민주주의는 국민에 의한 국민을 위한 국가 운영을 약속한다. 그렇지만 이 위대한 약속에도 불구하고, 많은 사람은 선출직 공무원들이 국민의 뜻을 제대로 대변하지 못한다고 생각한다. 엘리트와 비엘리트의 권력 불평등은 민주주의 국가들에서 가장 흔하게 나타나는 특징이다. 이러한 불평등이 사실이라면, 시민은 실제로 어느 정도의 선택권과 영향력을 가질까? 경제학자 조지프 슘페터Joseph Schumpeter(1883~1950)에 따르면, "결국 민주주의는 국민에게 자신을 통치하고 싶어 하는 사람들을 받아들일지, 아니면 거부할지 양자택일할 수 있는 기회를 줄 뿐이다."라고 말했다.

대부분 민주주의 국가들에서는 막강한 경제적 이권을 지닌 대기업과 로비단체들이 (때때로 대다수 시민의 이익을 해쳐가면서까지) 정치에 엄청난 영향력을 행사한다. 1981~2002년까지 미국에서 논의된 공공정책 쟁점들을 연구한 보고서가 2014년에 발간되었다. 이에 따르면 기업 이익을 대변하는 경제 엘리트와 조직적인 단체들이 미국 정부정책에 상당한 영향력을 행사한 반면, 일반 시민과 대중적인 이익 집단들은 정책에 거의 어떠한 독자적 영향력도 행사하지 못했다. 이러한 발견은 미국이 실제로는 민주주의가 아니라, 과두제oligarchy에 가깝다는 것을 의미한다.

대기업은 사회 내 정보의 흐름도 통제할 수 있다. 주류 언론매체들은 거대 회사들이 소유한 경우가 대부분이다. 따라서 기업의 이익에 유리하도록, 정치뉴스를 프레이밍하는 경향이 있다. 여론을 움직일 수 있는 뉴스 코퍼레이션News Corp 같은 세계적인 언론기업들은 민주주의 국가의 정치에 큰 영향력을 행사한다.

A

민주주의의 기본 원리 중 하나는 모든 시민이 공직에 자유롭게 출마할 수 있다는 것이다. 이는 귀족정치에서처럼 세습엘리트가 통치를 독점하지 못하도록 보장하는 역할을 한다. 하지만 효과적인 선거운동을 벌이는 데 비용이 많이 들기 때문에 고위공직에 당선되려면 강력한 후원을 받아야만 한다. 2016년 미국 대통령 선거에서 유력 후보였던 힐러리 클린턴Hillary Clinton(1947~)과 도널드 트럼프는 선거운동에 2억 5천만 달러(한화 2,824억 원)를 사용했다. 이러한 현상은 대기업이 민주주의 정치에 영향력을 행사하는 일을 가능하게 한다.

많은 민주주의 국가에서 선출직 공무원들은 대중과는 거리가 먼 특권층 출신이 대부분이다. 예를 들어, 데이비드 캐머런David Cameron(1966~) 영국 수상이 임명한 2014년 내각 장관들 가운데 절반 이상이 사립학교 출신이었으며, 이 가운데 다시 절반이 옥스퍼드대학교나 케임브리지대학교 출신이었다. 대다수 시민이 직면하는 문제들을 대부분의 장관들은 경험한 적이 없다. 과연 이들이 평범한 영국인을 대표한다고 할 수 있는가라는 의문이 드는 것도 당연하다.

사회·경제적 출신 배경이 다양하지 못하다는 사실만이 문제가 아니다.

여성의 정치적 과소대표성은 전 세계 대다수 민주주의 국가들에서 여전히 심각한 문제다. 의회에서 여성이 남성보다 많은 의석을 차지하고 있는 나라는 볼리비아와 르완다뿐이다. 전반적으로 여성 의석수는 전체 의석의 4분의 1에도 미치지 못하며, 공직에 있는 여성들은 성차별과 여성혐오를 빈번하게 경험한다. 고위 공직으로 올라갈수록 상황은 더욱 나빠진다. 예컨대, 미국에서는 단 한 번도 여성이 대통령으로 당선된 적이 없다.

힐러리 클린턴 미국의 정치인. 2009~13년까지 국무장관, 2001~09년까지 뉴욕 상원의원, 1993~2001년까지 영부인을 지냈다. 2016년 대통령 선거에서 민주당 후보로 지명되었다.

데이비드 캐머런 2010~16년까지 수상을, 2005~16년까지 보수당 당수를 역임한 영국의 정치인이다. 그는 자신이 요구한 국민투표에서 유럽연합 탈퇴라는 결과가 나오자, 사임했다.

B

A 2016년 미 대선에서 트럼프가 선거운동에 6억 달러 이상을 썼다면, 클린턴은 12억 달러 가까이 썼다. 이 막대한 돈은 민주주의에 부정적인 영향을 미친다. 고위급정치는 엘리트에 의해 지배되고, 그럴수록 정부의 대표성은 떨어진다. 또한 대기업을 비롯한 기부자들이 정치에 과도한 영향력을 행사하게 된다.

B 오스트레일리아 수상 줄리아 길러드는 2012년 10월 의회연설에서 야당 지도자인 토니 애보트가 성차별주의와 여성혐오에 사로잡혀 있다고 비판했다. 이 '여성혐오 반대 연설'은 인터넷으로 급속하게 확산되었고, 성차별주의에 이목을 집중시키는 데 큰 영향을 미쳤다.

A

대다수 민주주의 국가들에서 볼 수 있는 심각한 권력불평등은 전 세계적 현상이고, 이는 경제 불평등과 밀접한 관계가 있다.

빈부격차가 클 뿐 아니라, 점점 더 커지고 있다는 사실은 민주주의를 효과적으로 작동하지 못하게 하는 가장 큰 걸림돌이다. 실제로 개발도상국들을 보면 불평등이 민주주의에 여러 가지 부정적인 영향을 줄 수 있다는 사실을 알 수 있다.

후견주의 상품과 서비스를 정치적 지지와 교환하는 것. 후견주의로 정치 행위자(후견인)와 일부 대중(고객) 사이에는 비대칭 관계가 형성되며, 부패의 일종으로 여겨진다. 또한 정치경쟁을 억제하여 민주주의 과정을 훼손할 수도 있다.

불평등의 덫 부, 권력, 사회 지위에서의 차이가 영속해서 나타나는 현상을 말한다. 즉, 차이가 시간이 흐르고 세대가 바뀌어도 그대로 남아 있어서 가난한 사람들은 상승 이동하지 못하게 막고, 부유한 사람들은 하강 이동하지 못하게 한다. 일반적으로 불평등의 덫은 경제, 정치, 사회 구조들에 의해 강화되는 경향이 있다.

B

A 남아프리카공화국 더반의 파프아 수골럼 골프장은 들쑥날쑥 뻗어있는 불법 빈민 정착촌 바로 옆에 자리 잡고 있다. 사진에서 보이는 것과 같은 극명한 빈부격차는 전 세계 많은 나라에 존재하며, 민주주의의 작동을 방해하는 가장 큰 요인이다. 불평등이 클수록 시민들이 국가 운영방식에 대해 동등한 목소리를 내기 어렵기 때문이다.

B 앙골라 루안다에서 발견할 수 있는, 현대적인 고층건물 바로 옆에 자리 잡은 가난한 슬럼가의 모습은 이제는 많은 나라에서 흔히 볼 수 있는 광경이다. 빈부격차는 이미 상당한 수준이지만, 대부분의 나라들에서 더욱 증가할 것으로 보이며, 민주적 절차에 대한 위협 요인으로 작용할 것으로 예상된다. 경제 불평등이 클수록, 부자에게 유리하고 가난한 사람들에게 불리한 편중된 공공정책이 만들어진다.

선거 과정에서 후보자들은 후견주의clientelism를 통해 표를 얻을 수도 있다. 그러나 이렇게 되면, 부유한 단체들은 부자에게 유리한 정책들을 시행하도록 정치가들에게 영향력을 행사할 수 있다. 더 많은 자원을 이용할 수 있으니, 부자들은 공개 토론에서 우위를 점할 수 있으며 특정 쟁점이 아예 논의되지 못하도록 막을 수도 있다. 자신들의 관심사를 정치 의제로 상정할 수 없는 가난한 집단들은 때때로 정책에 영향력을 행사하려는 시도 자체를 포기하기도 한다.

> 경제 불평등과 권력 불평등 사이에 존재하는 이러한 관계가 다양한 제도와 장치들을 통해 오랜 기간 지속되다 보면, 불평등의 덫inequality traps에 빠지게 된다.

심각한 경제 불평등이 개발도상국가의 민주주의에만 부정적인 영향을 주는 것은 아니다.

A

B

부유한 민주주의 국가들에서 높은 경제 불평등은 부자에게 유리하고 가난한 자에게 불리한 정책들을 만들어내는 경향을 보인다. 그리고 이는 결국 사회적 배제라는 문제를 발생시킨다. 불평등이 높을수록 불만은 증가하며, 민주주의 체계는 불안정해진다. 또한 불평등은 정치참여를 방해하는 주된 장애물이다.

정치가 엘리트의 배를 불린다는 생각은 환멸감을 불러 일으켜, 사람들이 민주주의 정치에서 멀어지게 만든다.

2장에서 살펴보았듯이, 시민 참여는 민주주의의 기본요소이자 민주주의를 구성하는 다른 요소들을 위해서도 반드시 필요하다. 민주주의는 시민의 참여로 실현되기 때문이다.

영향력 있는 정치과학자 로버트 퍼트넘Robert Putnam(1941~)은 《나 홀로 볼링Bowling Alone》(2000)에서 대중의 무관심이 불러일으키는 문제를 파헤쳤다. 그는 미국에서 시민들의 정치적 무관심이 투표율을 하락시켰고, 공청회 출석률과 정당 가입률을 저하시켰다고 주장한다.

퍼트넘은 이러한 결과가 미국에서 사회 자본 social capital이 감소했기 때문에 발생했다고 말한다. 종교단체나 노동조합 같은 시민단체의 가입률 하락과 직접적인 사회 활동의 감소는 여러 모로 사회자본을 부식시켜왔다. 무엇보다도 퍼트넘은 TV, 인터넷과 같은 기술 발전이 사회 자본을 감소시킨 핵심 요인이라고 지적한다. 왜냐하면 사람들이 여가시간을 홀로 보내는 경우가 더 많아졌기 때문이다.

로버트 퍼트넘 미국의 정치과학자이자, 하버드대학교 존 F 케네디 스쿨 공공정책 교수. 사회자본과 민주주의의 관계에 대한 연구로 유명하다.

사회자본 호혜성, 신뢰, 협력에 기초하는 관계망을 일컫는다. 사람들 사이에 존재하는 관계 연결망이 사회 자본의 성격을 가질 때 사회는 효과적으로 기능할 수 있다.

민주주의 정치에 대한 대중의 무관심은 포퓰리즘을 자라게 하는 비옥한 토대가 될 수 있다.

A 2012년 나이지리아 라고스의 가니 파위인미 공원에서 한 시위자가 '부패를 없애고 보조금을 유지하라!'고 쓴 플래카드를 들고 있다. 사람들이 유류 보조금을 폐지하는 조너선 정부의 결정에 반대하여 시위를 벌이고 있다.

B 2012년 라고스에서는 유가급등에 반대하는 시위가 벌어졌다. 나이지리아인 대부분은 저렴한 연료가 석유 부국인 국가로부터 얻을 수 있는 유일한 혜택이라고 생각했다.

C 음악을 켜고, 세계는 끄라. 사람들이 민주주의 정치에서 이탈하는 이유가 디지털 오디오 플레이어 같은 기술 때문이라고 보는 사람들도 있다. 기술 때문에 사람들이 혼자서 여가를 보내는 시간이 더 길어졌기 때문이다.

D 퍼트남은 단체에 기반한 활동이 사라지면서 사회 자본은 감소하고, 민주주의에 대한 참여는 줄었다고 주장한다.

C

D

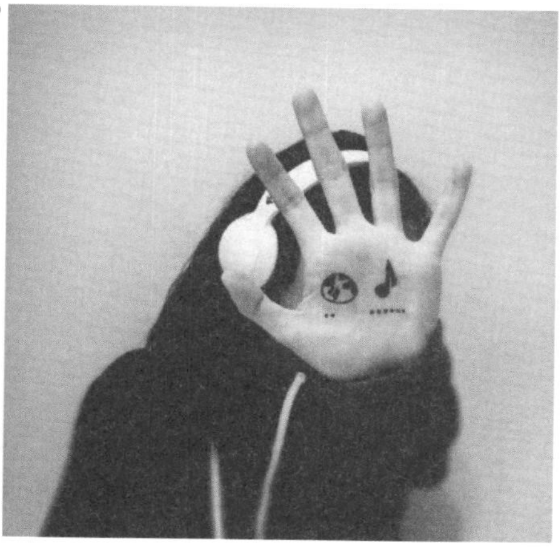

포퓰리즘 정치에서 카리스마적 지도자들은 주류 정치에 의해 무시당하고 있다고 느끼는 사람들을 자극하고, 부추긴다. 그런 다음 이런 점을 부각시켜 '일반 국민'과 '기득권 세력'을 서로 맞붙게 만든다. 포퓰리즘은 합리적 토론과 증거가 아니라, 사람들의 공포심에 뿌리 내린 감정적 충동에 호소한다. 또한 정치엘리트와 대립하는 동시에 사회 내 소수집단을 비난한다. 이러한 특징은 트럼프의 선거운동에서 극명하게 드러났다. 당시 그는 미국 내 멕시코 이민자들을 '범죄자', '강간범'으로 지칭했으며, 이슬람교도들이 미국에 입국하지 못하도록 막겠다는 공약을 내걸었다.

포퓰리즘은 민주주의에 또 다른 중요한 긴장관계가 내재하고 있음을 보여준다.

A 2015년 자전거를 탄 사람이 런던 시장 보리스 존슨을 향해 욕을 하며 지나가고 있다. 많은 민주주의 국가들에서 정치인들에 대한 실망이 늘어나고 있다.

B 2017년 독일 뒤셀도르프에서 열린 로즈 먼데이 퍼레이드에 등장한 풍자적인 카니발풍선. 미국 대통령 도널드 트럼프, 프랑스 극우지도자 마린 르펜, 네덜란드 하원의원 헤이르트 빌더르스를 아돌프 히틀러에 비교하고 있다.

A

제임스 매디슨 미국 건국의 아버지들 가운데 한 명으로, 1809~17년까지 대통령을 지냈다. 미국 헌법과 권리장전의 초안을 만드는 데 중요한 역할을 했다.

시모어 마틴 립셋 미국의 정치사회학자. 스탠퍼드대학교, 조지메이슨대학교, 하버드대학교에서 재직했다. 20세기의 선도적인 민주주의 이론가들 중 하나다.

근대화 이론가들 국가들이 전통사회에서 근대사회로 변화하면서 경험하게 되는 이행과정을 연구한다.

B

아담 쉐보르스키
폴란드계 미국인 정치과학자. 현재는 뉴욕대학교 정치과학 교수다. 민주주의와 정치경제 영역의 가장 중요한 이론가들 중 하나로 평가된다.

민주주의는 시민이 사회의 최고 권력자고, 대중 참여가 민주주의 정치의 핵심이라는 믿음에 기초한다. 그러나 국민 대다수가 사회 내 특정 집단의 인권을 침해하기로 결정한다면 어떻게 될까? 또는 법치를 무시하는 지도자를 지지하기로 결정한다면?

민주주의가 고대 아테네에서 출현했던 때부터 이를 비판하던 사람들은 민주주의가 중우정치로 변질될 것이라고 주장해왔다. 미국 대통령이었던 제임스 매디슨James Madison(1751~1836)은 누구보다도 민주주의에 비판적이었는데, 다수결 원칙이 개인의 자유를 제한할 수 있다고 생각했기 때문이다. 그렇지만 민주주의 제도에는 감시와 균형을 위한 장치들이 포함되어 있으며, 이것으로 다수의 횡포를 방지하고 정부의 권력을 제한하기 위해 노력한다.

시모어 마틴 립셋Seymour Martin Lipset(1922~2006)과 같은 근대화 이론가들modernuzation theorists은 사회에서 빈곤이 줄어들수록 사람들이 선동가들의 호소에 넘어가지 않는다고 말했다. 다시 말해, 민주주의라는 제도를 유지하려면 국가가 어느 정도는 부유해야 한다. 정치학자 아담 쉐보르스키Adam Przeworski(1940~)와 그의 동료들도 경험적 증거로 이 주장을 뒷받침했다. 이들의 연구에 따르면, 1인당 국내총생산이 6,055달러 이상 (1985년 미국 달러가치를 기준으로)인 국가들에서 민주주의는 결코 실패한 적이 없다.

A

B

민주주의를 유지하기 위해서는 최소한이라도 경제발전을 달성해야 한다는 의견은 민주주의가 경제발전을 이끌어왔다는 주장과 모순되는 것처럼 보일지도 모른다. 실제로, 많은 사람이 민주주의가 경제성장을 촉진하는 데 있어 가장 유리한 제도라고 생각하지 않는다.

2장에서 살펴보았듯이, 역사상 민주주의는 경제발전을 가로막는 최악의 시나리오라는 오해를 받은 적이 단 한 번도 없었다. 그렇다고 해서, 민주주의가 경제발전을 이룩할 수 있는 최상의 시나리오도 아니다. 동아시아의 4마리 용(홍콩, 싱가포르, 대한민국, 타이완)은 권위주의 체제가 어떤 점에서 민주주의보다 경제발전을 달성하는 데 유리할 수 있는지를 여실히 보여준다. 이 국가들은 권위주의 정부의 주도면밀한 시장 개입으로 1950년대~90년대 사이에 대단히 높은 경제성장률을 기록했다.

박정희 장군출신 정치인. 1963년부터 1979년 암살될 때까지 한국 대통령을 지냈다..

리콴유 싱가포르 초대 총리였고, 건국의 아버지로 불린다. 1959~90년까지 30년 동안 싱가포르를 다스렸다.

A 1950년대 서울의 모습. 많은 사람이 보기에 한국은 역사상 가장 빠르게 경제발전에 성공한 사례다. 하지만 그러한 변화는 민주주의가 아닌 독재정권 아래서 일어났다. 어떤 이들은 이것이야말로 전제정치가 경제발전을 달성하는 데 더욱 유리한 증거라고 주장하기도 한다.

B 현재 서울의 모습. 대한민국은 현재 세계에서 가장 부유한 나라들 가운데 하나다. 1980년대를 거쳐 민주주의 체계로 이행했다. 한국의 사례를 두고, 어떤 이들은 민주주의가 실현되기 위해서는 최소한이더라도 경제발전이 필요하다고 주장하기도 한다.

대한민국은 아마도 세계사에서 가장 성공적으로 경제발전을 달성한 사례일 것이다. 한 세대 만에 세계에서 가장 가난한 나라에서 가장 부유한 나라가 되었기 때문이다. 이러한 변화는 박정희(1917~79)의 권위주의 통치 아래 일어났다. 당시 정부는 급속한 산업화와 수출주도 성장을 촉진하기 위해 다양한 정책들을 시행했다. 자원을 동원해서 핵심 산업부문에 투자하고, 세계시장에서 경쟁하는 회사들에 보조금과 차관을 제공했으며, 관세와 환율을 전략적으로 이용하고, 억압적인 수단을 동원해가며 저임금을 유지시켰다.

동아시아의 경험으로, 싱가포르 총리였던 리콴유Lee Kuan Yew(1923~2015)를 비롯하여 많은 사람들이 민주정부보다는 독재정권이 경제성장을 달성하는 데 유리하다고 주장하게 되었다. 여기에는 몇 가지 이유가 있다.

첫째, 독재정권은 민주정부보다 경제성장을 촉진하는 생산 활동을 위해 국가자원을 더 잘 쓸 수 있다. 민주정부는 유권자의 요구를 즉시 만족시켜야 권력을 유지할 수 있다. 따라서 자원의 회전율을 높일 수밖에 없다. 반면, 독재정권은 이러한 단기적 지출 압력에 대해 걱정할 필요가 없다. 그러므로 경제성장에 필요한 보다 장기적인 투자를 할 수 있다.

둘째, 독재정권은 민주정부보다 더 자율적이다. 다시 말해, 대기업이나 노동조합 혹은 여러 사회경제 계급 같은 특수한 이해 당사자들의 압력에 굴복하지 않아도 된다.

이러한 독립성 덕분에 독재정권은 몇몇 소수 집단의 이익에 봉사하는 것이 아니라, 사회 전체의 경제성과를 증가시키는 정책들을 시행할 수 있다.

셋째, 민주정부는 독재정권보다 개혁을 실행해서 경제발전을 촉진하기가 더 어렵다. 왜냐하면 개혁에 반대할 수도 있는 여러 사회집단들이 민주정부에 압력을 가하기 때문이다. 게다가 민주주의 체계를 구성하는 다양한 부분들(입법절차들, 제도화된 견제와 균형 장치들, 여러 상이한 이해관계를 대변하는 단체들)이 급속한 경제개혁 실행의 발목을 잡기도 한다.

A

A 나이지리아와 같은 많은 가난한 나라들에서 선거는 때때로 폭동을 부른다. 선거를 통한 권력경쟁이 제도적으로 취약하며 가난하고 인종적으로 분열된 나라들에서 더 많은 폭력을 야기할 수도 있다고 주장하는 사람들도 있다.

B 2014년 사라예보에 나붙은 선거 포스터들. 보스니아나 헤르체고비나처럼 인종적으로 분열된 나라들에서 선거 경쟁은 일반적으로 인종 경계를 따라 이루어진다. 또한 정당은 전체로서의 대중이 아닌 특정 인종 집단에 속한 사람들에게 호소한다. 인종에 기반하지 않은 정당은 대체로 선거에서 고전을 면치 못한다.

B

전제정치가 민주정치보다 경제발전을 촉진하는 데 더욱 유리할 수 있다고 제시된 근거들은 민주주의의 유효성을 둘러싼 보다 포괄적인 비판과 관계가 있다.

권력경쟁은 민주주의를 가능하게 하는 기본요소다. 권력경쟁이 있기 때문에 정부의 책임성은 강화되고, 국민이 국가 운영방식을 선택할 수 있는 권리가 보장된다.

하지만 이러한 권력다툼은 부정적인 결과를 가져올 수도 있다. 선거는 사회불안을 유발하기도 한다. 특히 가난한 나라들에서 그렇다. 최근 10년 사이, 부룬디, 케냐, 나이지리아에서는 선거로 폭력사태가 발생했다. 1993년의 콩고공화국처럼 선거 결과가 내전으로 이어지는 경우도 있다.

물론, 권력경쟁은 부유한 나라들에서도 불확실성과 사회불안을 초래할 수 있다. 권력경쟁으로 정치인들은 사회가 직면한 문제들을 해결하려 하기보다, 권력을 획득하는 데 더 관심을 가질 수 있기 때문이다. 이러한 부정적 동기는 정치를 더욱 전투적이고 당파적으로 만들어 민주주의가 제대로 작동하는 데 필요한 문화를 훼손시킨다. 때때로 의회 토론은 법과 정책을 진지하게 심사숙고해서 국민의 삶을 개선하는 토의의 장이 아니라, 정치적 점수를 딸 수 있는 기회로 인식되기도 한다.

전투적 정치는 많은 민주주의 국가들에서 정치적 양극화political polarization를 조장해왔다. 또한 그에 따른 대립은 의사결정을 더욱 어렵게 만들기 때문에 사회불안을 증폭시키는 결과를 가져온다. 미국에서는 견제와 균형을 위한 제도적 장치들이 양극화와 결합하면서, 효과적인 개혁 시행의 걸림돌이 되고 있다.

정치 양극화는 위기를 불러올 수 있다.

예를 들어, 벨기에는 2010~11년 사이에 정부를 구성하지 못했다. 정당분열이 극심해서 정부구성에 합의하는 데 거의 2년이나 걸렸기 때문이다.

A

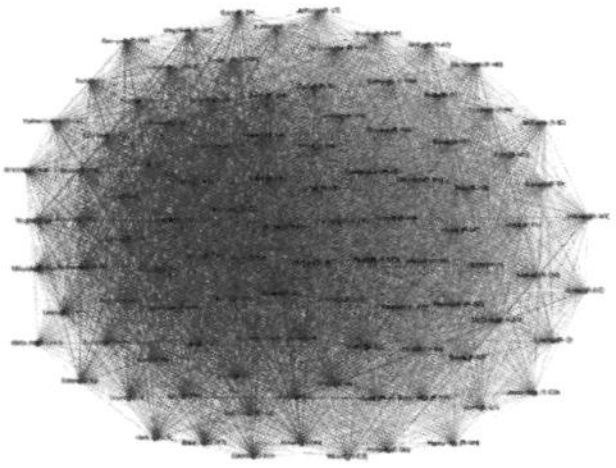

1989년 미국 하원 101번째 회기

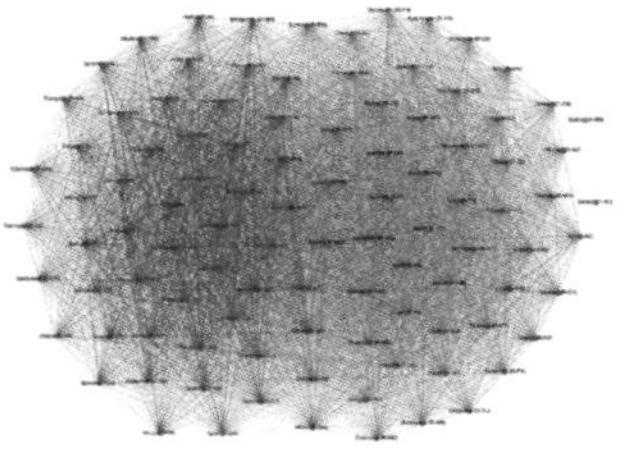

2002년 미국 하원 107번째 회기

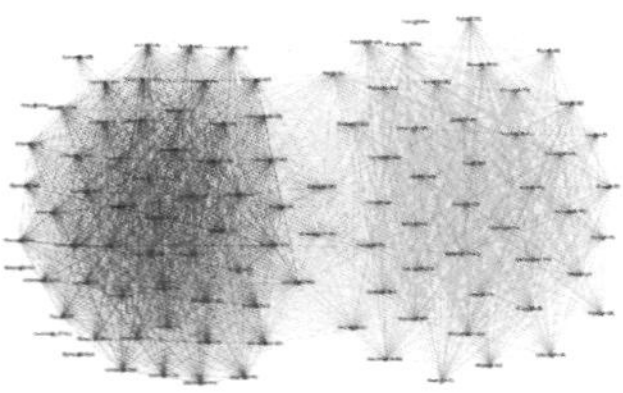

2013년 미국 하원 113번째 회기

A 이 그림은 정치적 양극화가 미국 하원에서 극단적인 수준까지 증가해온 과정을 보여준다. 즉, 시간이 지나면서 의원들은 소속 정당의 다른 의원들과 점점 더 같은 결정을 내리게 된다.

B 북아일랜드의 한 빵집 부부가 동성결혼 지지 메시지로 케이크를 장식해 달라는 요청을 거부한 후 법원에서 차별을 이유로 유죄판결을 받았다. 그러나 기독교인에 대한 경찰의 무차별 진압을 표현한 이 그림이 보여주듯이, 많은 기독교인들은 법원 판결이 자신들의 종교적 권리와 자유를 침해한다고 주장했다.

정치 양극화 다양한 쟁점과 관련하여 정당(또는 정치단체)들이 제시하는 정치적 선호 사이에 간극이 크다는 것을 의미한다. 또한 정치 견해에 있어서도 큰 차이를 보인다.

B

민주주의가 과연 질서와 안전을 제공할 수 있는가라는 우려 또한 오랫동안 제기되어 온 문제다. 민주주의에는 다원주의가 내재하기 때문에 다양한 신념들이 공존할 수 있다. 하지만 이러한 다양성이 개인의 권리 강조와 결합하면서, 사회적 결속을 약화시키고 불만을 증폭시킨다고 지적되기도 한다. 문제는 권리가 본래부터 경쟁적인 성격을 지닌다는 점이다. 자신의 신념을 주장하는 누군가의 권리는 다른 누군가의 권리와 충돌할 수도 있다.

2014년 북아일랜드에서 빵집을 운영하던 한 기독교인 부부가 동성결혼 지지 메시지로 케이크를 장식해달라는 고객의 요청을 거절했다. 그것이 자신들의 종교 신념과 어긋난다고 생각했기 때문이다. 고객은 차별을 근거로 소송했고, 승소했다. 부부가 판결에 반대하여 제기한 항소심에서 패하자, 대변인은 법원 판결이 "종교와 표현의 자유라는 민주주의의 자유"를 침해했다고 주장했다. 부부가 고객을 차별했다는 주장에 동의하는 사람도 있을 수 있지만, 신념에 위배되지 않는 행동을 자유롭게 할 수 있어야 한다고 생각하는 사람도 있을 수 있다. 어느 한쪽도 권리를 침해당했다는 느낌을 받지 않으면서 이 논쟁을 해결하기란 어렵다.

민주주의 정부는 국가안보에 도움이 된다면 개인의 자유를 제한하기도 한다.

민주주의 정부들은 국가안보를 수호한다는 명목으로 심각한 인권침해를 자행해왔다. 제2차 세계대전에서 일본이 진주만을 공격하자, 미국 정부가 일본계 미국인들을 억류한 것이 가장 대표적인 사례일 것이다. 당시 11만~12만에 이르는 일본인들(이중 3분의 2는 미국시민이었다)이 미국 안보에 위협이 된다는 이유로 1942~45년까지 강제 이주되고, 감금당했다. 몇 년 후 미국정부가 발간한 조사보고서는 안보위협을 입증할 증거는 거의 발견되지 않았으며, 이 노골적으로 자행된 시민권 침해가 인종차별의 결과라고 결론 내렸다.

A

B

A 2015년 1월 9일 무장한 보안요원들이 샤를리 에브도가 발간하는 잡지 사무실에 치명적인 공격을 가한 2명의 총기휴대 용의자에 대한 대규모 수색을 벌이면서 에펠탑을 순찰하고 있다.

B 오스트레일리아는 보트로 자국에 들어오려는 이민자들을 심사하기 위해 나우루에 해외이민센터를 설치·운영하고 있다. 이 센터는 이민자와 난민의 인권을 심각하게 침해하고 있다는 거센 비판을 받아왔다. 국제연합 인권 고등 판무관실UN High Commissioner for Human Rights은 인권남용을 이유로 센터를 폐쇄하라고 계속 요구해왔다.

C 미국에서 경찰이 비무장 흑인을 살해해 세간의 이목을 집중시킨 여러 사건들은 '흑인의 생명도 귀중하다'는 운동을 무색하게 만들었다. 2014년 8월 미주리 주 퍼거슨에서 한 남성이 마이클 브라운의 죽음에 항의하며 "손 들었으니 쏘지 말라"고 외치고 있다.

C

최근에는 민주정부들이 도입한 대테러 법안들이 권리 침해로 이어지고 있다는 우려의 목소리가 높아지고 있다.

2000년 이후 영국에서 도입된 반테러법으로 외국인 테러행위 용의자들을 기소 없이 무기한 구금할 수 있게 되었고, 혐의가 없더라도 기소 전 14일까지 구금하거나 가택연금과 같은 강력한 금지 명령을 내릴 수 있으며, 비폭력 정치단체들에 제재를 가할 수 있게 되었다.

민주정부가 소수집단의 권리를 침해한 사례도 많다. 2008년에 정부가 공식 사과문을 발표했지만, 오스트레일리아 정부가 토착 원주민들에게 자행해온 가혹한 부당행위들이 대표적이다. 여기에는 영국의 동성애 금지령도 포함되는데, 이 법안은 2003년까지도 영국 전역에서 완전히 철폐되지 않고 명맥을 유지했다. 최근에는 국제연합이 민주주의 정부들에 의한 난민의 권리침해가 심각하다는 문제를 제기하고 있다.

A

B

많은 사람들이 민주주의 국가가 비민주주의 국가보다 더 평화롭다는 생각에 이의를 제기해왔다. 실제로 상당수 국제분쟁들에는 민주주의 국가들이 개입되어 있다. 때로는 국민이 반대해도 전쟁을 벌였다. 2002년 미국이 주도한 이라크 침공 사례는 민주주의 체제 확립이 전쟁을 벌이는 이유 가운데 하나였다.

지난 수십 년간 지구화globalization 과정이 민주주의를 훼손하고 있다는 우려가 커지고 있다. 세계가 서로 긴밀하게 연결되면서 지구경제를 관리하는 다양한 국제조직, 국제법, 국제협약이 증가하고 있다.

지구화 세계가 경제·정치·문화적으로 상호의존하게 되는 현상을 말한다. 국가 간의 무역, 투자, 금융, 기술 유통의 증가와 관계있다. 기술발전만 있다면 가능하다고 생각하기 쉽지만, 지구화는 이러한 지구적 유통에 방해가 되는 장벽들이 정치적 결정을 통해 축소되었을 때 발생한다.

양자간투자협정 개인이나 기업이 국가에서 국가로 외국인 직접투자를 할 경우 따라야 하는 조건을 규정한 협약이다.

이는 민주적으로 선출된 정부에서, 지구적 기업과 국제 조직들로 권력을 이동시켰다.

특히 무역, 금융, 투자에 대한 장벽 제거가 강조되면서 지구화가 민주주의 정부들이 도입할 수 있는 법과 정책들을 제한하고 있다는 문제가 제기되고 있다.

지구화와 민주주의 사이에 존재하는 이러한 긴장관계는 양자간투자협정(BITs, bilateral investment treaties)을 증가시켰다. 하지만 이로 인해 여러 민주주의 정부들이 투자를 방해하는 정책들(시민에게 이로울지라도)을 시행한다는 이유로, 지구적 기업들에 의해 고소당하고 있다. 이를 테면, 한 이탈리아 투자기업은 2007년 남아프리공화국 정부를 상대로 소송을 제기했다. 아파르트헤이트가 초래한 경제적 부당성을 해소하기 위해 정부가 시도한 정책들이 기업 투자를 방해하고 있다고 판단했기 때문이다. 남아프리카공화국은 소송문제를 해결하고 나서, 양자간투자협정이 사회에 유용한 정책들을 시행하지 못하게 한다며 탈퇴했다.

C

D

A 1967년 토미 웅거러가 제작한 베트남반전 포스터. 이 논쟁적인 포스터는 하얀 팔이 아시아인에게 자유의 여신상을 강제로 먹이고 있는 모습을 풍자적으로 그리고 있다.

B 1967년 토미 웅거러가 제작한 '선택은 기회가 아니다Choice not Chance' 포스터는 한 공군조종사가 울고 있는 베트남 어린이들을 자신의 비행기에 그려 넣고 있는 모습을 보여준다. 베트남 전쟁에 대한 대중의 강력한 반대는 이후 많은 반전시위를 불러일으킨 계기가 되었다.

C 그리스 정부는 2008년 세계금융위기가 몰고 온 부채위기의 대안으로 긴축정책을 실시했다. 오히운동Oxi movement은 이러한 긴축정책에 반대하여 다양한 캠페인을 전개했다. 지구화는 전 세계가 경제·정치·문화적으로 점점 더 상호의존하게 된다는 것을 의미한다. 따라서 지구화가 확대될수록 무역, 투자, 금융, 기술의 국가 간 교류가 증가한다. 기술발전이 지구화를 주도하는 유일한 원인처럼 말하지만, 정치적 결정을 통해 지구적 차원의 교류를 방해하는 장애물을 제거하지 않는다면 지구화는 실현되지 못한다. 국가는 외국인의 직접투자조건을 규정하는 양자간투자협정BITs을 체결하여, 개인이나 기업의 국가 간 투자를 쉽게 만든다. 그리스 국민들의 반대투표에도 불구하고, 국제 채권단이 그리스에 긴축정책을 요구했다는 사실에 주목하자. 그리스는 지구화가 민주주의를 훼손한 대표 사례다.

D 2012년 스티브 벨이 제작한 '긴축은 효과가 없다This Austerity isn't Working'는 풍자화. 세계금융위기 이후 영국 연립정부는 국가부채를 줄이기 위해 긴축정책을 실시했다. 많은 사람들, 특히 취약계층의 생활은 더욱 어려워졌다.

경제학자 대니 로드릭Dani Rodrik(1957~)은 민주주의, 국가주권national sovereignty, 지구 경제의 긴밀한 통합(또는 초세계화hyperglobalization)이 서로 양립할 수 없다고 주장해왔다. 다시 말해, 이들 중 2가지를 결합할 수는 있지만, 3가지 모두를 완전히 하나로 결합할 수는 없다. 로드릭은 이 현상을 '지구 경제의 정치적 트릴레마trilemma'라고 부른다. 지구 경제가 긴밀하게 통합되기 위해서는 무역과 금융이 국경을 넘나드는 데 소요되는 거래비용을 제거해야 한다. 그렇지만 국민국가가 이러한 비용을 발생시키는 주된 원인이다. 따라서 보다 지구화된 경제체계와 민주주의를 결합할 수 있는 유일한 방법은 지구 차원의 연방 민주주의를 채택하는 길 뿐이지만, 이는 현실 가능성이 희박하다. 결국 로드릭은 국가 차원의 민주주의 체계를 유지하기 위해서는 경제 지구화를 제한해야 한다고 주장한다.

지구 정치도 다른 방식이긴 하지만, 민주주의에 나쁜 영향을 미쳐왔다.

제2차 세계대전 이후 냉전이라는 지정학적 상황에서 많은 국가의 민주정부들이 독재정권으로 대체되었다. 때때로 서구 민주주의 국가들(특히 미국)은 자신들의 정치경제적 이익을 확대하기 위해 민주적으로 선출된 정부들을 전복하는 데 일조했다.

대니 로드릭 터키 경제학자로, 하버드대학교 존 F 케네디 스쿨의 국제 정치경제 교수. 국제 정치경제·국제 경제학·경제발전 분야에서 가장 중요한 연구자들 중 하나로 평가받는다.

국가주권 사회에 권력을 행사할 수 있고 국경을 통제할 수 있는 정부를 보유한 독립 국가들이 다른 국가의 간섭 없이 존재할 권리를 가져야 한다는 개념을 광범위하게 뜻한다.

A

A 1988년 아우구스토 피노체트가 엘 보스케 상공을 비행하는 미국산 폭격기의 모습을 지켜보고 있다. 미국은 칠레 피노체트 독재정권에 상당한 물량을 지원했다.
B 피노체트가 지휘하는 칠레 군대가 쿠데타를 일으킨 후 산티아고 모네다 궁전을 향해 발포하고 있다. 이 공격으로 정부 수반이었던 아옌데가 사망했다.
C 30년 후 모네다 궁전의 모습. 인권침해를 대량으로 자행했던 피노체트의 야만적인 통치가 종식된 1989년 칠레는 다시 민주주의 국가가 되었다.

B

C

파트리스 루뭄바 콩고 독립운동의 지도자이자, 콩고민주공화국에서 민주적으로 선출된 첫 번째 총리였다. 벨기에, 영국, 미국 정부들이 연루된 사건으로 1961년 암살당했다.

아우구스토 피노체트 칠레 정치인이자 장군. 그의 독재정치는 심각한 인권침해로 유명했다. 1973~90년까지 칠레를 지배했다.

살바도르 아옌데 칠레의 의사이자 정치인. 1970~73년까지 대통령을 지냈으며, 라틴아메리카에서 민주적으로 선출된 첫 마르크스주의 대통령이었다.

모하마드 모사데그 1951~53년까지 이란의 총리를 지내며, 민주적으로 선출된 정부의 수반 역할을 했다. 쿠데타 이후 감옥에 투옥됐다가 사망할 때까지 가택 연금되었다.

그런 다음, 시민들이 고통 받는 것에 아랑곳하지 않고 독재자들이 권력을 유지하는 데 필요한 지원을 아끼지 않고 제공했다. 민주주의 국가가 다른 민주주의 국가와 전쟁을 벌이지 않을지는 모른다. 그러나 많은 민주주의 국가들이 쿠데타를 지원하여 민주적으로 선출된 전 세계 다른 정부들을 무너뜨렸으며, 독재자들을 후원해왔다.

미국 CIA와 벨기에 정부는 1961년 콩고민주공화국에서 민주적으로 당선된 최초의 지도자 **파트리스 루뭄바**Patrice Lumumba(1925~61) 암살에 공모했다. 그 결과 모부투 세세 세코가 이끄는 잔혹한 독재정권이 들어섰는데, 미 정부는 그가 미국과 연합해서 공산주의에 맞섰다며 재정과 군사 지원을 아끼지 않았다. 1983년 칠레에서는 **아우구스토 피노체트**Augusto Pinochet(1915~2006) 장군이 CIA의 도움으로 쿠데타를 일으켜 민주적으로 당선된 **살바도르 아옌데**Salvador Allende(1908~73) 대통령을 제거했다. 또한 영국과 미국 정부는 민주적으로 당선된 **모하마드 모사데그**Mohammad Mosaddegh(1882~1967) 정부가 이란 석유산업을 국유화하자, 1953년 그에 맞서는 쿠데타를 지원하고 팔레비 이란 왕조의 잔혹한 통치를 후원했다.

A

B

인디라 간디 인도 정치인이자, 1966~77년까지, 1980~84년 암살될 때까지 총리를 역임했다. 그녀는 인도 최초의 여성 총리이자, 민주주의 국가들에서 선거로 정부 수반에 당선된 두 번째 여성이었다.

A 1951년 모사데그가 군중을 상대로 연설하는 장면. 1951년은 영국과 이란 사이에 진행되던 석유 논쟁의 운명을 가른 결정적 시기였다.

B 미국의 지원을 받은 쿠데타로, 모사데그는 1967년 사망할 때까지 가택 연금되었다.

C 1975년 6월 25일 인디라 간디는 인도 텔레비전에 직접 출연하여 국가 비상사태를 선포한다. 인도에서 2년 동안 지속되었던 독재체제가 시작되는 순간이었다.

외세를 등에 업은 쿠데타가 아니더라도, 민주주의 체계는 붕괴될 수 있다. 1930년대에 유럽에서는 파시즘체제가 내전과 대공황의 경제적 혼란을 틈타 신생 민주주의 국가들을 전복시켰다.

민주주의 실패의 가장 중요한 사례들 가운데 하나는 1976~77년까지 2년 간 인도에서 '비상사태'가 선포되며 들어선 독재체제다. 아마도 이것은 민주주의의 한계가 어떻게 실패로 귀결될 수 있는지를 가장 잘 보여주는 사건일 것이다. 수년간 지속된 경제문제가 반정부시위를 불러일으키고 있던 상황에서, 당시 총리였던 인디라 간디Indira Gandhi(1917~84)가 부정선거로 유죄판결을 받았다. 이에 간디는 국가 비상사태를 선포했고, 단 며칠 만에 민주주의 제도들을 폐지한 후 독재정권을 수립했다. 시민권 행사는 정지되었고, 수만 명의 정치적 반대자들은 재판받을 권리를 보장받지 못한 채 투옥되었으며, 검열이 이루어졌다. 이와 더불어 선거는 취소되었고, 정당 활동은 금지되었으며, 일련의 헌법 개정으로 모든 권력이 총리에게 이양되었다.

그렇다면 다음과 같은 중요한 질문을 제기할 수 있다. 간디는 이미 민주주의가 확립되어 있는 상황에서, 어떻게 이런 일을 성공적으로 벌일 수 있었을까?

부분적으로는, 간디가 인도의 가난한 절대 다수로부터 지지를 받았다는 사실에서 실마리를 찾을 수 있다. 이들은 정치가 자신들의 생활을 개선하지 못하는 것에 크게 실망한 상태였다. 그리고 간디는 광범위한 개혁을 실행해서 사람들의 생활을 변화시키려면, 방해가 되는 정치적 반대자들과 민주적 제도들을 없애야 한다는 사실을 납득시켰다. 비상사태를 선포하기 수년 전부터 간디는 인도의 민주 절차들을 유명무실하게 만들었다. 예를 들어, 사법부의 독립성은 제한되고 있었고, 정치기관의 중요한 자리들은 간디의 지지자들로 채워지고 있었으며, 행정 명령을 이용하여 의회를 무시하고 약화시키고 있었다.

그 결과, 비상사태를 선포했을 때 간디는 거의 어떠한 반대에도 부딪히지 않았다.

그러나 인도의 비상사태는 민주주의가 그 결함에도 불구하고, 어째서 여전히 가장 효과적인 국가 운영방식인지를 증명하기도 한다. 간디가 자신을 지지했던 가난한 사람들의 인권을 심각하게 침해하는 정책들을 시행할 수 있었던 것은 책임성이 없었기 때문이다. 델리의 슬럼 지역은 폭력적으로 철거되었고, 많은 가난한 인도인들이 산아제한의 일환으로 강제 불임수술을 받아야 했다. 하지만 사람들의 절규는 간디의 심경에 변화를 가져왔고, 곧 선거가 실시되었다. 그리고 이 선거에서 처참하게 패배하면서, 간디는 권력남용의 대가를 치르게 되었다.

C

4. 민주주의가 직면한 도전은 무엇인가?

A

최근 10년 사이, 민주주의는 전 세계에서 위협받고 있다.

민족주의와 포퓰리즘 정치가 득세하면서, 민주주의 국가들에서는 권위주의적 성향을 띤 새로운 지도자들이 등장했다. 그에 따라 민주주의를 구성하는 여러 부분들이 훼손되고 있다. 아마도 이러한 경향에서 가장 두드러지는 특징은 이 현상이 전 세계 다양한 지역들에서 동시에 나타나면서, 민주주의가 실패하고 있는 것은 아닌가라는 근심에 불을 지피고 있다는 점일 것이다.

폴 카가메 2000년에 대통령으로 취임했지만, 1994년부터 르완다의 실질적인 지도자 역할을 해왔다. 그는 1994년의 르완다 대량학살 사태를 종식시킨 반란군의 지휘관이었다.

요웨리 무세베니 1986년에 우간다 대통령으로 취임한 후 현재까지 대통령직을 유지하고 있다. 그는 이디 아민과 밀턴 오보테 독재정권을 종식시킨 반란의 주도적 인물 중 하나였다.

로드리고 두테르테 2016년에 취임한 필리핀 현직 대통령. 다바오 시장을 역임했다. 그는 필리핀에서 가장 오랫동안 시장 자리를 지킨 사람들 중 하나로, 22년 이상 시장을 지냈다.

B

아프리카 대륙에서는 한때 민주주의의 상징과도 같았던 폴 카가메Paul Kagame(1957~)와 요웨리 무세베니Yoweri Museveni(1944~) 같은 지도자들이 시민의 자유와 정치적 자유를 탄압하고 있다. 르완다와 우간다를 비롯한 많은 아프리카 국가들에서 정치적 반대자들은 학대당하고, 물리적 폭력에 노출되어 있다.

A 민족봉사단은 1925년에 설립된 인도의 힌두교 민족주의 우익단체다. 여당인 인도인민당과 긴밀한 관계를 맺고 있다.

B 2016년 앙카라의 크즐라이 민주주의 광장에서 집회에 참석한 사람들이 실패로 돌아간 7월 15일 군사쿠데타를 비난하며, 터키국기와 에르도안 지지 깃발을 흔들고 있다.

로드리고 두테르테Rodrigo Duterte(1945~), 레제프 타이이프 에르도안Recep Tayyip Erdoğan(1954~), 나렌드라 모디Narendra Modi(1950~) 같은 지도자들은 국가안보와 강한 정부를 내세워 민주적 절차들을 망가뜨리고 있다. 두테르테가 필리핀 대통령으로 당선된 것이야말로, 민주주의 국가들에서 법치와 개인의 권리가 점점 더 무시되고 있다는 가장 확실한 증거일 것이다. 두테르테는 마약밀매 연루 혐의를 받은 사람들에 대한 초법적 사형을 공개적으로 승인했다. 이로 인해 두테르테가 대통령에 취임한 2016년 6월~2017년 3월까지 7천 명 이상이 경찰과 자경단에 의해 살해당했다. 모디는 우익 힌두 민족주의운동을 등에 업고 인도의 총리로 당선되었다. 그의 당선으로 '반민족적'이라고 여겨지는 시민사회단체와 대학들에 대한 탄압이 시작되었고 (시민사회단체들은 해외 자금지원을 받지 못하게 되었고, 반정부 시위에 참여한 학생들은 체포되었다), 소수 집단들은 그의 노골적인 힌두 민족주의에 고무된 군중들의 표적이 되었다.

레제프 타이이프 에르도안 2014년에 취임한 터키 현직 대통령. 2003~14년까지 총리를, 1994~98년까지 이스탄불 시장을 역임했다.

나렌드라 모디 2014년에 취임한 인도 현직 총리. 2001~14년까지 구자라트 주지사를 지냈다.

A

B

C

A 국경 없는 기자회Reporters Without Borders, 국제사면위원회의 지지자들을 포함하여 많은 활동가들이 현재 터키 감옥에 수감되어 있는 언론인들의 사진을 들고 있다. 많은 나라에서, 자유언론에 대한 탄압은 전제정치로 가는 첫 단계다.

B 2017년 독일 하노버에서 독일 언론인 데니츠 위첼의 석방을 요구하며 열린 시위 도중, 한 시위자가 버스 창문에 "터키에 수감된 모든 언론인들에게 자유를"이라고 쓴 인쇄물을 붙이고 있다.

C 쿠데타가 진압된 후 많은 언론인과 정치적 반대자들이 고문이 만연한 터키 디야르바키르 감옥에 수감되었다.

D 아마도 세계에서 가장 강한 국가라고 해도 별 무리가 없을, 미국과 러시아의 지도자 트럼프와 푸틴이 한데 어울려 있다는 사실 자체가 많은 사람들에게는 민주주의가 실패하고 있다는 가장 확실한 신호처럼 해석된다.

블라디미르 푸틴 2012년 취임한 러시아 현직 대통령. 1999~2000년까지, 2008~12년까지 두 차례에 걸쳐 총리를 지냈고, 2000~08년까지는 대통령을 역임했다. 정치에 입문하기 전 여러 해 동안 KGB 외국인 전담요원으로 일했다.

브렉시트 국민투표 영국이 유럽연합을 탈퇴해야 하는지 아니면 잔류해야 하는지를 놓고 실시된 국민투표다. 2016년 6월 23일에 실시되어, 탈퇴 52퍼센트 잔류 48퍼센트의 결과가 나왔고, 영국의 유럽연합 탈퇴가 본격화되었다.

민주주의는 에르도안 지배 하의 터키에서 가장 눈에 띄게 쇠퇴했다.

2016년에 쿠데타를 진압하자마자, 에르도안 정부는 비상사태를 선포했고, 수만 명의 정치적 반대자들(언론인, 학자, 시민 활동가 등)을 재판 없이 투옥했다.

D

세상에 그 어떤 나라도 터키보다 많은 언론인을 투옥한 적은 없었다. 이는 민주주의 감시 시민단체 프리덤 하우스가 2017년에 터키를 처음으로 '언론 자유가 없는not free' 나라로 분류하게 만들었다.

1990년대 초 소련이 붕괴하면서 러시아에 민주주의를 도입하려 했던 희망은 블라디미르 푸틴Vladimir Putin(1952~)의 등장으로 산산조각 났다. 정치적 반대 세력은 폭력적으로 진압되었고, 독립 언론은 억압당했으며, 반대 의견은 국영 언론에 의해 사전에 차단되었고, 법치는 계속 조롱당했다. 푸틴의 지배 아래 러시아가 세계정치의 중심세력으로 재기하면서, 그의 러시아 내 지지율은 상승했다. 뿐만 아니라, 유럽 전역에서 권위주의 운동이 성장할 수 있는 분위기가 조성되었다. 러시아 정부는 도널드 트럼프의 대통령 선거운동을 돕기 위해 2016년 미국 대선에 개입했다는 비난도 받고 있다.

유럽 전역에서는 이민에 적대적인 정서, 특히 반이슬람 정서가 확대되면서 극우 민족주의운동이 확대되었다.

심지어 오랫동안 민주주의와 개인의 권리들을 발전시켜온 오스트리아, 프랑스, 그리스, 네덜란드 같은 유럽연합 회원국들에서조차, 극우운동과 관계가 있는 정당들의 인기가 상승하고 있다. 영국의 브렉시트 국민투표Brexit referendum에서 유럽연합 탈퇴에 찬성표를 던지라고 독려했던 선거캠페인은 민족주의 포퓰리즘과 이민자들에 대한 공포에 기반하고 있었다.

핀란드, 체코, 헝가리, 폴란드에서는 2010년 이후 극우 정당이 권력을 장악했다. 헝가리의 빅토르 오르반Viktor Orbán(1963~) 정부와 폴란드의 야로스와프 카진스키 Jarosław Kaczyński(1949~) 정부는 공공집회를 금지했고, 시민사회 공간을 폐쇄했으며, 정부의 언론 통제를 강화했다. 사법부의 독립권을 제한했으며, 견제와 균형을 위한 제도적 장치들을 폐지했다. 두 나라 모두 여당이 이러한 조치들을 실행에 옮길 수 있었던 것은 선거에 승리하면서 의회 다수당의 지위를 차지할 수 있었기 때문이다. 많은 사람들이 이 조치들로 헝가리와 폴란드의 민주주의가 붕괴되기 시작했다고 생각한다.

그럼에도, 전 세계 민주주의에 무언가 심상치 않은 일이 일어나고 있다는 것을 보여주는 가장 큰 사건은 단연 2016년 트럼프의 미 대통령 당선이었다. 미국은 오랫동안 자신이 전 세계 민주주의와 개인의 자유를 수호하는 최후의 보루라고 자처해왔다. 실제로 전 세계 많은 사람들이 미국을 세계에서 선도적인 민주주의 국가 중 하나라고 생각한다. 그러나 트럼프가 당선되면서, 이러한 미국의 이미지는 타격을 입었다.

A

A 많은 사람에게 2016년 트럼프의 미 대통령 당선은 미국 민주주의의 취약성을 드러내는 사건이었다.

B 2016년 대통령 선거 준비기간에 트럼프가 힐러리 클린턴을 "감금 하겠다"며 위협하자, 트럼프의 지지자 대다수가 환호를 보냈다.

C 트럼프는 CNN을 비롯한 언론사들이 '가짜뉴스'를 유포한다고 자주 비난하지만, 정작 그 자신이 지지율을 높이기 위해 날조된 이야기를 유통시키고 있다.

B

C

트럼프의 대통령 선거운동 기간과 당선 후 재임기간을 살펴보면, 그가 민주 절차들을 근본부터 약화시키고 있다는 사실을 알 수 있다.

트럼프의 선거운동은 극단적인 포퓰리즘 정치에 기초했다. 그는 자신의 주요 지지기반인 백인노동계급을 '부패한' 미국의 기득권 세력과 맞붙게 했고, 소수 집단을 악마화하면서 멕시코 국경지대에 장벽을 건설하고, 이슬람교도의 여행을 금지하겠다는 공약을 내걸었다. 선거 전략의 일부이긴 했지만, 자신의 적수인 힐러리 클린턴을 감옥에 가두겠다고 위협하기도 했으며, 언론에 대한 일련의 공격에 착수했다. 그의 선거운동은 '가짜뉴스'의 증가와도 관계가 있다. 날조된 이야기들이 주로 SNS를 통해 고의적으로 유포되면서 지지율이 상승했다. 선거운동 기간 트럼프가 보여준 모습들은 대통령이 되고 난 이후에도 이어지고 있다. 아마도 그의 행태를 보여주는 최악의 예는 트럼프 행정부가 대통령 취임식을 보기 위해 모인 군중의 숫자를 부풀려 보도한 사건일 것이다.

빅토르 오르반 헝가리 현직 총리. 2010년에 총리로 임명되었고, 1998~2002년까지도 총리직에 있었다. 1980년대에 친민주주의 학생운동을 이끌며 유명해졌다.

야로스와프 카진스키 폴란드 정치인으로, 2006~07년까지 총리를 역임했다. 우파정당인 법과 정의당의 공동설립자이자, 현직 당대표다. 폴란드의 실질적인 지도자로 여겨지고 있다.

A 2015년 9월 세르비아 헝가리 국경에 둘러 친 철사가시 울타리를 따라, 이민자들이 모여 있다. 유럽의 우익 포퓰리즘 지지자들은 시리아 난민위기를 자신들의 입장을 강화하는 데 이용했다.

A

트럼프는 대통령이 되고 나서도 미국 민주주의 제도를 손상시키는 행동을 이어가고 있다. 그는 판사들을 공개 비난하면서 사법제도를 공격했다. 언론을 향해 독설을 쏟아내며 언론인에 대한 폭력을 부추기고 있다는 비난을 받기도 했다. 또한 자신의 가족을 정부 요직에 앉혔고, 대통령이라는 지위를 개인의 부를 늘리는 데 이용했다. FBI 국장 같은 핵심 관리들이 그의 개인 동기 때문에 해임되고 있다. 게다가 트럼프는 두테르테나 푸틴 같은 권위주의 지도자들을 옹호하면서, 민주주의 동맹국들은 소외시키고 있다. 캐나다, 유럽연합회원국들, 대한민국과 같은 동맹국들이 미국의 경제 및 안보관계에 도움이 되지 않는다며 공개적으로 문제시하고 비판하고 있다. 2017년 샬러츠빌에서는 백인 우월주의와 신나치 단체들이 벌인 집회로 반파시즘 시위자 한 명이 살해되는 사건이 발생했다. 하지만 트럼프는 이들을 직접적으로 비난하지 않았다. 그러자 그가 자신의 대통령 당선으로 고무된 파시즘 단체들을 암묵적으로 지지하고 있는 것 아니냐는 우려를 증폭시켰다.

많은 사람들은 선거운동 동안 트럼프가 민주 절차를 경멸하는 듯한 태도를 보였던 점을 걱정했다. 하지만 이러한 행동에도, 많은 사람들이 그에게 표를 주었다. 아니, 어쩌면 더욱 절망스럽게도 이런 행동 때문에 그에게 찬성표를 던졌던 건지도 모른다. 아마도 민주 절차를 공개적으로 깎아내리는 지도자에 대한 이러한 대중의 지지야말로 최근 나타나고 있는 전제정치 경향의 결정적 특징인 것 같다. 트럼프, 에르도안, 모디, 오르반 같은 지도자들은 선거에서 승리하며 권력을 장악했고, 상당한 대중에게 지지를 얻고 있다. 지지자들에게는 선거에서 승리했다는 자체가 이들이 민주적이라는 증거로 작용한다.

B

B 2015년 제작된 이 UKIP 포스터는 대량 이민에 대한 대중의 공포에 호소하면서, 영국이 유럽연합에서 탈퇴해야 한다고 선전한다. 브렉시트 국민투표는 포퓰리즘에 기반한 캠페인들이 오보를 퍼뜨리는 계기로 작용했다.

어떤 이들은 최근 등장하고 있는 정부들이 '비자유illiberal' 민주주의라는, 새로운 형태의 민주주의가 출현하고 있음을 의미한다고 말한다. 이러한 주장은 오르반과 같은 지도자들이 조장해온 견해다. 이 관점에 따르면, 민주주의가 위협에 처한 것이 아니라 자유주의가 거부당하고 있다. 이는 신중하게 논의해볼 필요가 있다. 어떤 신념과 결과가 지구화 시대의 보편적cosmopolitanism(사해동포주의 또는 세계시민주의) 자유 개념과 다르다고 해서 '비민주적'이라고 부르는 것은 부당하다. 예를 들어, 브렉시트 국민투표의 경우 영국 국민 다수가 유럽연합 탈퇴에 찬성했다는 사실이 영국의 민주주의가 위험에 처했다는 근거가 될 수 있을까?

민주주의에 대한 우려는 국민투표의 결과가 아니라, 투표과정에서 나타난 브렉시트 찬성 지지운동의 성격에서 비롯된다. 투표 찬성을 독려하던 선동가들은 분열과 분노를 조장하는 수사적 표현들을 사용하며 유권자들의 공포, 불안, 편견에 호소했다.

게다가 포퓰리즘 성격을 띠었던 찬성운동들은 영국이 유럽연합을 탈퇴해야 하는 이유와 관련하여 합리적 증거에 기초한 합의가 아니라, 오보와 히스테리를 불러일으켰다. 정치인과 소수 집단을 악마화하는 과정에서 조 콕스 하원의원이 살해되었으며, 국민투표 결과가 나온 후에는 인종증오 범죄가 급증했다. 전반적으로 볼 때 브렉시트 국민투표는 영국의 민주주의 문화를 훼손하는 결과를 가져왔다.

이러한 분열적이고 포퓰리즘에 기반한 정치는 일반적으로 비자유민주주의 정치지도자들이 안고 있는 문제다. 그들은 선거를 통해 권력을 획득했다는 사실을 근거로 민주적 정당성을 주장하며, 자신들이 자유주의적인 엘리트 기득권 세력에 맞서 국민을 대변한다고 말한다.

다수결 원리로 권력을 획득하고 나면, 역으로 이 다수결 정치를 이용하여 반대세력들(자신과 견해가 다른 대중매체, 독립적인 사법부, 인권조직, 정치적 반대자, 소수집단 등)을 약화시키고 위태롭게 만든다. 그러나 이 세력들은 모두 민주주의를 가능하게 하는 중요한 요소들이다. 따라서 비자유민주주의 정치지도자들은 자유주의에만 반대하는 것이 아니라, 보다 넓은 의미의 민주주의에도 위협을 가하는 셈이다. 그들은 선거에서 거둔 승리와 대중적 지지를 이용하여 민주주의 체계를 구성하는 다른 중요한 부분들까지 망가뜨린다.

이처럼 전 세계에서 포퓰리즘이 증가하고, 권위주의 성향을 지닌 지도자들이 늘어나는 이유는 무엇일까?

민주주의가 직면한 이 새로운 도전들은 2000년 이후 발생한 몇 가지 사건에서 비롯되었다.

A

2008년 세계금융위기 1930년대 대공황 이후 최악의 세계 금융위기로 평가된다. 미국의 서브프라임 모기지 붕괴로 시작되었으나, 급속하게 국제금융위기로 확산되었다. 2008년 리먼 브라더스 투자은행을 붕괴시키면서, 세계 경제는 침체기에 접어들었다.

B

A 민주주의가 대중의 이익에 도움이 되지 않는다는 실망감이 커지고 있다. 미국에서 '누구에게도 투표하지 마세요' 캠페인을 벌였던 사람들은 불만을 보여주기 위해서라도 투표를 하지 말아야 한다고 주장한다.

B 아돌프 히틀러를 지지하는 1932년 선거운동 포스터. 낙담한 얼굴의 군중과 '최후의 희망 히틀러Our last hope Hitler'라는 문구를 함께 배치하고 있다. 대공황이 가져온 경제적 어려움은 히틀러가 권력을 장악하는 데 결정적 역할을 했다.

가장 중요한 사건들 가운데 하나는 2008년 세계금융위기 2008 global financial crisis와 이 현상이 전 세계인에게 가져온 경제적 충격이다. 일반적으로 대규모 경제위기를 겪고 나면, 정치가 극우로 선회하는 경향이 나타난다. 이것을 가장 확실하게 보여주는 사례가 월스트리트 붕괴에 뒤따른 1930년대 대공황이다. 또한 당시 유럽에서 파시즘이 득세했다는 사실도 많은 사람들이 최근의 금융위기 이후 민주주의가 넘어야 할 장애물에 대해 걱정하는 이유이기도 하다.

A

B

A 지난 10년간 경제적 어려움이 증가하면서 영국이나 미국 같은 부유한 민주주의 국가들에서도 음식을 살 여력이 되지 않아 푸드 뱅크에 의지하는 사람들이 늘고 있다.

B 많은 사람들이 기본적인 끼니를 걱정하지만, 사진 속 645파운드(한화 약 92만 원)짜리 '골든 피닉스' 컵케이크에 돈을 쓰는 사람들도 있다. 부자와 빈자의 격차가 커지면서 정치적 기득권 세력에 대한 불만이 급증했다.

C 밀라노비치의 최신 연구는 포퓰리즘이 최근 득세하게 된 이유에 대해 가장 타당한 설명을 제공한다. 그는 1988년 이후 선진국 중간계급과 노동계급의 실질임금이 정체되거나 혹은 하락하거나 했던데 반해, 세계에서 가장 부유한 나라와 아시아 국가들의 소득은 증가했다고 지적한다. 이러한 변화는 아시아와 서구의 1988년 인구구성 유형(위)과 2011년 유형(아래)을 비교하면 쉽게 알 수 있다. 아시아에서는 절대적 빈곤 인구가 급격히 감소하고, 부유한 집단의 비율이 증가했다. 반면, 서구에서는 이러한 진전이 일어나지 않았다.

경제위기에 대한 반발로 유럽과 북아메리카의 집권정부 대다수가 선거에서 패배하여 물러나야 했다. 많은 나라에서 경제적 어려움과 긴축 조치가 불러온 좌절감으로 사람들이 정치 기득권 세력과 전문 지식인들에게서 등을 돌렸다. 바로 이 좌절감이, 포퓰리즘이 번성할 수 있는 환경을 만들었다.

경제위기로 부와 소득의 지구적 불평등 규모가 엄청나다는 사실이 드러났다. 그리고 이러한 격차는 금융위기 이후 더욱 커지고 있다. 옥스팜Oxfam이 발간한 2016년 보고서에 따르면, 2010년에는 388명의 억만장자가 세계 인구 절반이 소유한 것과 같은 규모의 재산을 소유했던데 반해, 2016년에는 불평등이 증가하면서 그 숫자가 62명으로 줄어들었다. 한편, 2010년 이후 영국이나 미국 같은 부유한 민주주의 국가들에서는 끼니를 해결할 수 없어 푸드 뱅크에 의존하는 사람들의 수가 급증했다. 영국에서 가장 큰 푸드 뱅크 네트워크는 2016~17년 사이에 약 120만 개의 응급 식량구호박스를 전달했다. 미국에서는 7명 중 1명꼴로 (4,500만 명 이상) 푸드 뱅크에 의존한다.

지구화가 심화될수록 경제 불평등도 급증하고 있다. 그에 따라 선진국의 중간계급과 노동계급이 최근 수십 년간 급속하게 진행되고 있는 지구화과정에 반기를 들면서, 국가주의가 힘을 얻게 되었다.

지구화가 불평등에 끼친 부정적 영향은 아마도 경제학자인 브랑코 밀라노비치Branko Milanović(1953~)와 그의 동료들이 가장 잘 설명할 것이다. 1998~2008년 사이에 실질소득은 중국과 인도 같은 신흥경제국들의 중간계급과 세계 최부국에서는 증가했으나, 선진국의 중간계급이나 노동계급 그리고 최빈국에서는 전혀 증가하지 않았다. 심지어 이 기간 동안 실질소득이 하락하기도 했다. 이는 국제 무역, 금융, 투자에 대한 장벽제거와 국내 경제에 대한 규제 철폐가 일부 사회집단에게는 득이 되지만, 나머지 사회성원들의 상황은 더욱 악화시킬 수 있음을 보여준다. 밀라노비치와 동료들은 영국과 미국 같은 선진국의 저소득자들도 상대적으로 더 빈곤해진 사람들 가운데 하나라고 말한다. 따라서 이러한 경향이 전 세계 많은 나라들에서 지구화에 대한 반발과 민주주의 통치방식에 대한 불만이 발생하게 된 가장 큰 원인으로 지목된다.

옥스팜 세계 빈곤 완화에 초점을 둔 국제 자선단체 연합. 1942년에 기아구조 자선단체로 설립되었으며, 세계에서 가장 선도적인 국제개발 NGO 중 하나로 평가받는다.

브랑코 밀라노비치 세르비아계 미국인 경제학자. 현재는 뉴욕시립대학교 초빙책임교수이며, 세계은행 조사 분과 책임경제학자로 일했다. 지구적 불평등을 연구하는 최고의 학자들 가운데 하나다.

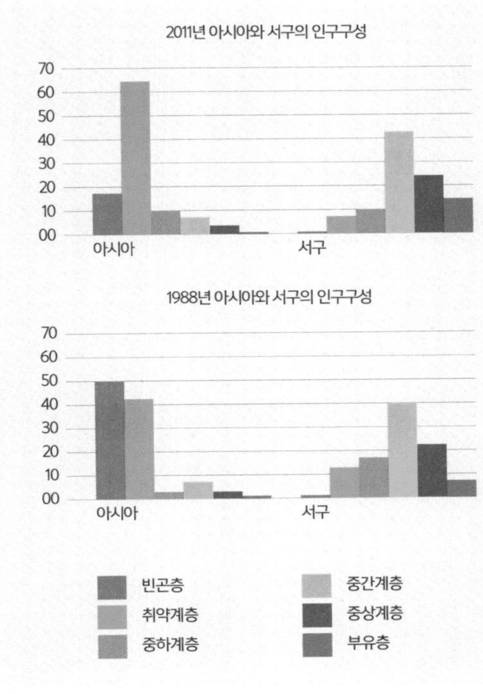

금융위기 이후 나타났던 정치적 우경화의 흐름은 시간이 지나면서 확실히 점차 약화되고 있다. 하지만 2008년 세계 금융위기가 남긴 경제 파급효과는 민주주의의 미래에 훨씬 더 큰 위협이 다가오고 있다는 신호일지 모른다는 문제제기가 있다. 민주주의가 제2차 세계대전 이후 유럽과 북아메리카에서 번영을 누릴 수 있었던 이유는 시민들에게 상당한 수준의 경제적 안정을 제공했기 때문이다. 문제는 민주주의가 더 이상은 이러한 경제 안정을 보장할 수 없다는 사실이 점점 확실해지고 있으며, 그에 따라 민주주의의 생존도 위태롭게 되었다는 점이다.

민주주의 국가들에 대한 안보 위협의 증가 또한 '강력한' 권위주의 지도자들이 등장하게 된 주된 요인 중 하나다.

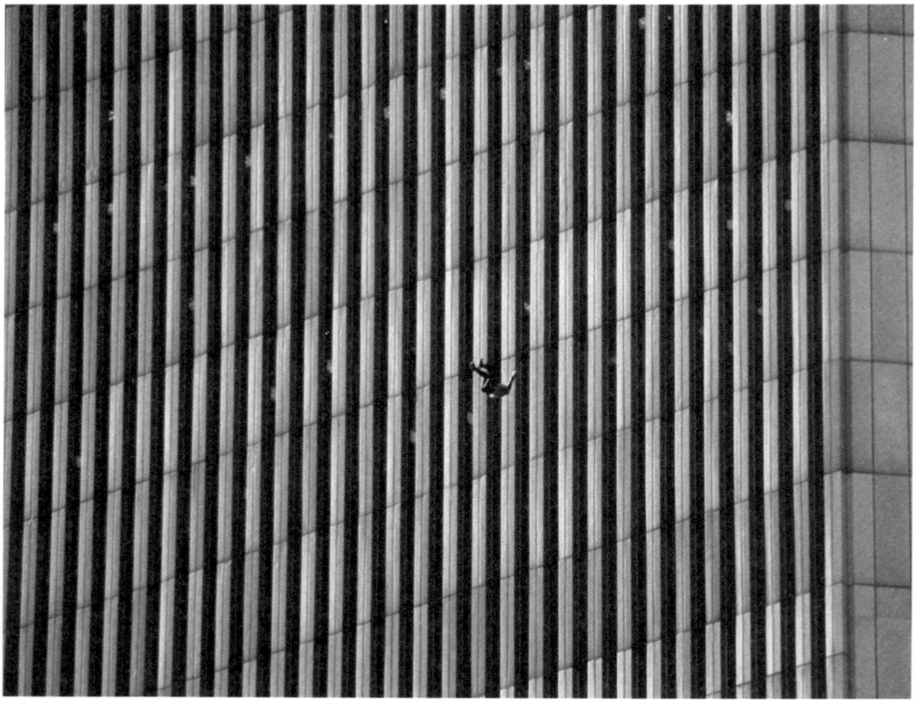
A

B

9.11테러 공격 2001년 9월 11일 미국 뉴욕에서 발생한 조직적 테러공격. 극단주의 이슬람 테러단체인 알카에다에 의해 자행되었으며, 2대의 비행기가 세계무역센터와 충돌했다. 이 공격으로 약 3,000명이 사망했고, 그보다 많은 수천 명이 부상당했다.

A 9.11테러 공격 당시 뉴욕 세계무역센터 북측 탑에서 한 남성이 추락하는 모습을 포착한 이 사진은 9.11테러라는 엄청난 비극을 이야기할 때 항상 등장하는 이미지들 중 하나다.

B '나는 샤를리다Je suis Charlie'는 2015년 잡지 《샤를리 에브도》에 가해진 테러공격 희생자들과의 연대감을 나타내기 위해 사용된 구호지만, 이후 일어난 수많은 테러공격에서도 상징적으로 사용되고 있다.

세계무역센터를 타깃으로 한 9.11테러 공격9.11 attack은 국제안보의 성격을 뒤바꾸었다. 이때부터 중동에서 발생하는 갈등과 불안정이 서구 민주주의 국가들에 직접적이고 중대한 파급효과를 미치게 되었다. 지난 몇 년 동안 발생한 테러 공격들은 벨기에, 프랑스, 독일, 스웨덴, 영국, 미국 내 이슬람 극단주의와 관련이 있었다. 점차로 '자국에서 성장한' 테러리스트들이 테러 공격을 감행하고 있는 것이다.

테러 공격이 가져온 공포로 전 세계 민주주의 정부들이 대테러 정책들을 도입했고, 그에 따른 인권 침해 또한 심각한 수준에 이르렀다.

9.11테러에 대한 반작용으로, 미국에서는 '애국자법Patriot Act'이 통과되었다. 이 법안에는 국가감시를 늘리는 조항들이 포함되었다. 따라서 이민자들에 대한 무기한 억류가 정당화되었고, 법집행관들이 집과 사무실을 사전 고지 없이 수색할 수 있게 되었다. 또한 대테러 정책들로 정부의 국민 감시가 확대되었고, 고문이 자행되는 상황도 발생했다. 트럼프는 미국에 '이슬람 등록제'를 도입하자는 아이디어를 내놓기도 했다. 등록제가 시행되면 특정 집단을 종교 신념을 이유로 차별하면서, 엄청난 인권침해를 가져오게 될 것이다. 무엇보다 충격적인 사실은, 이것이 나치 독일에서 유대인 박해의 첫 단계로 작성된 유대인 등록 명부를 흉내 낸 것이라는 점이다.

앞에서 살펴보았듯이, 유럽에서는 2001년 이후 안보에 대한 우려가 증가하면서 극우단체들의 인기 또한 높아졌다. 이들은 테러공격에 대한 대중의 공포를 이용하여 강력한 권위주의 지도자의 필요성을 정당화하고, 인권 안건을 기각시키며, 시리아내전으로 발생한 난민 증가가 테러 행위 증가의 원인이라고 규정한다. 영국, 프랑스, 독일 같은 나라들에서 이들 단체가 요구하는 난민 입국통제는 수사적 표현이 난무하는 반이슬람주의에 뿌리 내리고 있다. 전 세계 많은 나라들에서도 상황은 다르지 않다. 트럼프는 이슬람교도가 인구의 다수를 차지하는 국가 출신들의 미국 입국을 금지시켜야 한다면서 '이슬람 입국금지령'을 요구하기도 했다.

A

B

A 2007년 미시간 주 디어본에 위치한 이슬람 시아파 예배당 외관에 그려진 반이슬람 그래피티. 트럼프는 선거운동 기간에 이슬람교도들에 대한 편견을 이용하고 조장했다.

B 9.11테러 이후 미국과 유럽에서는 이슬람교도에 대한 고정 관념과 편견이 증가했고, 포퓰리즘에 기초한 지도자들은 이를 이용하여 자신들의 지지율을 올렸다.

C 이 캠페인은 증가하는 이슬람공포증 Islamophobia에 대한 인식을 개선하고, 반격을 가하기 위해 시작되었다. 극우단체들은 이슬람공포증이 만연하는 틈을 노려 권위주의적인 지도자들이 많아져야 하고, 이민통제는 강화되어야 하며, 인권보호조항들은 폐기되어야 한다고 주장한다.

C

빅 데이터 컴퓨터로 분석되는 엄청난 규모의 데이터 덩어리들을 가리킨다. 인간의 행동이나 상호작용에서 나타나는 패턴과 경향을 밝히는 것이 목적이다.

공포 분위기가 조성된 덕분에 오르반과 트럼프 같은 권위주의 지도자들이 정권을 장악할 수 있었다. 이들은 다수의 안보를 보장하는 강경한 조치들을 시행하는 데 방해가 된다면 법치와 개인 권리의 존중처럼 민주적인 절차라 하더라도 결코 용납하지 않을 것이라고 말해왔다.

신기술을 악의적으로 이용하는 것은 민주주의가 해결해야 할 또 다른 과제다.

처음에는 누구나 접근할 수 있다는 인터넷과 SNS의 특징이 민주주의를 강화하는 데 도움이 될 것이라는 낙관적인 기대가 컸다. 정보 유통이 늘어났고, 사람들이 자신의 견해를 표현하고 동료 시민들과 함께 할 기회가 늘었으며, 시민과 정부가 상호작용할 수 있는 가능성이 커졌다. 기술이 가져온 이 모든 이점이, 민주주의 작동방식을 개선할 것 같았다.

그러나 기대와 다르게, 오늘날 기술은 민주 절차들을 훼손하는 데 이용되고 있다. 포퓰리즘을 조장하는 메시지와 가짜뉴스들이 무제한적으로 확산되고, 빅데이터big data를 이용해서 잠재적 투표지지자들의 결정에 영향을 미치는 등 SNS가 우익 포퓰리즘 풍조를 조장한다는 우려의 목소리가 높아지고 있다.

데이터 분석과 커뮤니케이션 전략을 전문으로 하는 기술기업 캠브리지 애널리티카Cambridge Analytica는 트럼프 선거운동, 브렉시트 국민투표 찬성 캠페인과 함께 했다. 이 회사는 페이스북 같은 소셜 미디어 사이트들에서 수백만 유권자의 데이터를 수집한 후 이 데이터를 활용해 사람들의 감정과 신념을 더 잘 이해할 수 있도록 상세한 심리 프로파일을 만들어 제공했다고 말한다. 또한 유권자들을 조종할 수 있도록 개인별 맞춤 메시지를 정교하게 제작했다고도 한다. 이러한 주장은 역사상 가장 효과적인 선전기구들 가운데 하나가 민주주의를 장악하고, 좌지우지했음을 의미한다.

전 세계에서 치러지고 있는 선거들이 컴퓨터 해킹이라는 문제에 직면하는 경우도 점점 많아지고 있다. 해커들은 후보자의 개인정보와 이메일에 접근한 후, 이 정보를 선거결과에 계획적으로 영향을 미치려는 목적으로 대중에게 광범위하게 유포시켜 왔다. 2016년 미국 대통령 선거운동 중에 일어난 힐러리 클린턴의 이메일 해킹 사건의 경우, 러시아 정부가 개입했다는 문제제기가 있었다. 결과적으로 이는 민주적 절차가 외국의 간섭으로 왜곡될 수도 있다는 우려를 낳았다.

A

A 그래피티 예술가 뱅크시가 2008년 제작한 이 거리미술 작품은 영국의 감시수준이 어느 정도로 높은지를 보여준다. 민주주의 국가들은 테러리즘을 억제한다는 명분으로 감시수준을 높이고 있다. 그러나 감시 확대는 시민의 민주적 자유와 기본권을 침해할 수 있다. 또한 사생활 침해로 이어져, 정부 권력을 무제한으로 허용하게 될 수도 있다.

B 뱅크시가 2008년 제작한 이 작품 또한 감시카메라가 확산되어 있음을 보여준다. 영국정부는 2016년 정보기관에 광범위한 감시권력(염탐과 해킹을 가능하게 하는 기술수단들을 포함하여)에 힘을 실어주는 법안을 통과시켰다. 이에 대해 대중은 무관심한 반응을 보였다. 이러한 감시체계가 무엇보다도 걱정되는 이유는 현재 민주주의 국가들에서 권위주의가 득세하고 있는 상황이기 때문이다. 감시체계는 독재자들에게 정치적 억압을 위한 수단으로 작용 한다.

B

이러한 상황이 무엇보다 걱정스러운 이유는 중국이나 러시아처럼 사이버 전쟁에 연루되어 있다고 의심받는 국가들이 새로운 권위주의 체제의 출현을 적극 지원하고 있기 때문이다.

빅 데이터를 이용하여 유권자들을 조종했는지, 후보자들의 개인 데이터를 해킹해서 유포했는지와 관련하여 조사가 진행 중이다. 그렇지만 지금으로서는 현존하는 민주주의 체계의 감시와 균형 장치들로 이 새로운 위협을 감당할 수 있을지, 확실치 않다. 2017년에 실시된 여러 차례의 프랑스 선거에서 선거당국은 미디어와 인터넷 이용자들에게 에마뉘엘 마크롱Emmanuel Macron(1977~)의 선거운동에 대한 해킹공격으로 입수한 자료들을 공개한다면 (선거 당일 24시간 동안 여론조사 보도를 금하고 있는 법을 위반하는 것이기 때문에) 기소될 것이라고 경고했다. 이 경고는 효과가 있었던 것 같다. 불법적으로 취득된 어떤 자료도 공개되지 않았기 때문이다. 하지만 미래의 선거가 지금까지의 선거들처럼 자유롭고 공정한 선거가 되기 위해서는 확실히 사이버 문제에 훨씬 더 체계적으로 대응할 필요가 있다.

에마뉘엘 마크롱 2017년 취임한 프랑스 현직 대통령. 경제산업디지털부 장관을 역임했다.

A

세계가치조사 1981년부터 시작된 세계 학술조사 프로젝트. 대표적인 국가단위 조사로, 거의 100여 개국을 대상으로 이루어진다. 사람들이 지닌 가치와 신념의 특징, 시간에 따른 변화 등을 조사한다.

무엇보다, 오늘날 민주주의가 직면한 가장 큰 도전은 아마도 시민들의 정치적 무관심과 이탈일 것이다.

2017년에 민주주의 연구자 로베르토 스테판 포아Roberto Stefan Foa와 야스차 뭉크Yascha Mounk는 북아메리카, 유럽, 오스트레일리아와 뉴질랜드를 대상으로 민주주의에 대한 태도를 조사한 영향력 있는 보고서를 발표했다. 이 연구에 따르면, 선진 민주주의 국가의 시민들은 민주주의 정치체계에 대해 냉소적인 태도와 지루하다는 반응을 보였다. 또한 자신들이 공공정책에 영향을 미칠 수 있을 것이라는 기대도 거의 하지 않았다. 연구는 세계가치조사World Values Survey 데이터를 근거로, 특히 젊은이들이 민주주의에 불만을 보였다고 지적한다. 이전 세대들에 비해 젊은이들은 언론의 자유는 덜 지지하는 데 반해 정치적 급진주의는 더 지지하며, 군사 쿠데타에 거부감은 덜한 반면 시민권이 반드시 필요한 권리라고 보지 않는 경향은 더 강했다. 또한 선거가 덜 중요하다고 생각한다.

민주주의가 생존하기 위해서는 시민들이 민주주의를 소중하게 여기고 민주적 절차에 관심을 가져야 한다.

민주주의 체계에서 지도자들이 권력을 남용하지 못하는 이유는 책임 때문이다. 이 덕분에 시민은 지도자가 무슨 일을 하고 있는지 알게 되며, 민주주의 체계의 규칙과 절차를 위반한 지도자라면 투표로 공직에서 기꺼이 쫓아 낼 수도 있다. 인도의 비상사태에서 알 수 있듯이, 사람들이 민주주의 절차가 적극적인 변화를 가로막는 걸림돌이 되고 있다는 생각을 한다면 지도자들이 민주주의 제도를 점차 제거하더라도 막을 방법이 없다.

어떤 이들은 민주주의에 대한 지지가 이처럼 하락하는 이유가 사람들이 지나치게 안정적인 민주주의에 익숙해진 결과, 이를 당연하게 생각하기 때문이라고 말하기도 한다. 부분적으로, 사실일 수도 있다. 그렇지만 이것이 민주주의에 대한 관심을 하락시킨 가장 큰 원인이라고 생각한다면, 착각이다. 많은 사람들이 경제적으로 점점 더 불안정해지고 있다는 사실을 감안할 때 현재 널리 확산되고 있는 지구적 체계에 대한 불만이 민주주의에 대한 지지가 하락하는 진짜 이유다.

따라서 이것에 대처하는 유일한 방법은 민주주의를 포기하는 것이 아니라, 강화하는 것이다.

B

A 2014년 뉴욕 맨해튼에 설치된 '기권 기표소non-voting booth'. 이 기표소는 젊은이들이 투표하지 않는 이유를 이해하고 유권자의 무관심을 해결하기 위해 시각예술대학 디자인학부 학생들이 대통령 선거일(11월 첫째 화요일)에 맞춰 설치했다.

B 민주주의의 현 상태에 실망하는 사람들이 늘어나고 있다. 민주주의 정치에 대한 환멸감을 나타내기 위해 정치적 항의시위에 '에러 404' 표시가 사용되기도 한다.

PERIODS!
ATION OF
MIGRANTS
KEEP YOUR
TINY HANDS
OFF ME!
REFUSE FASCISM
REFUSE FASCISM
ARC OF THE
RAL UNIVERSE
GOING TO
BEND ITSEL
STAY
STRON
RESIS
MAKE
AMERICA
SANE
TO ALL THE LITTLE GIRLS WHO ARE WATCHI
NEVER DOUBT THAT YOU ARE VALUABLE AND PO
AND DESERVING OF EVERY CHANCE AND OPP
IN THE WORLD TO PURSUE AND ACHIEVE YOUR
PUSSY
GRAB
STAY
NASTY
VULVANATION
WE ARE ALL
IMMIGRANTS
I DO
NOT
CONSENT

맺으며

WHO RUN THE
Democracy is not a
TINY HANDS OFF US
GRAB HIM BY THE BALLS
MATTER
U.S. OUT OF MY UTERUS!
LOVE
MAKE AMERICA KIND AG
NOT MY PRESIDENT
ALREADY
I AM NOW YOUR BOS
D.J.T.
BUILD BRIDGES NOT WALLS!
HEY TRUMP—
DON'T MESS WITH MOTHER

A

B

C

현재, 전 세계 민주주의는 2008년 세계금융위기 이후 심각한 당면과제와 씨름 중이다. 그러나 앞서 살펴보았듯이, 민주주의는 처음 생겨난 순간부터 수많은 어려움과 싸워왔다.

민주주의의 역사가 복잡하고 혼란스러웠다는 사실을 생각해보면, 실패했다고 결론짓는 것은 성급한 일이다.

그렇다고 해서 2008년 이후 민주주의에 가해지고 있는 위협이 심각하지 않다거나, 급하게 대응할 필요가 없는 문제라는 의미는 아니다. 오히려 우리는 이러한 위협에 신속하게 대처할 필요가 있다.

A 셰퍼드 페어리는 트럼프의 대통령 취임에 항의하기 위해 '위 더 피플We the People' 포스터 시리즈를 디자인했다. 포스터는 트럼프가 소수집단을 악마화한 것에 대한 대응으로 다양한 인종의 모습들을 특색 있게 그리고 있다.

B 미국 국기 모양의 히잡hijab을 쓰고 있는 이슬람 여성 포스터. 셰어리의 포스터들은 미국 사회가 공유하고 있는 인간성과 다양성의 가치들을 강조하며, 성장 중인 우익 국가주의에 반대한다.

C 미국 헌법의 맨 첫줄에서 제목을 따온 '위 더 피플' 포스터 시리즈는 사람들에게 미 헌법의 가치들을 지킬 것을 요구한다.

D 2017년 방글라데시 다카에서 대량 축출에 항의하는 비하리족Bihari people의 모습. 이 우르두 언어를 사용하는 난민들은 인도와 파키스탄에서 넘어 온 사람들로, 극심한 차별대우를 받아왔다.

민주주의를 지키려는 노력이 이미 많은 곳에서 시작됐다. 2016년 미국 대통령선거가 끝난 이후 평화시위들이 급증하면서, 우리 곁을 슬그머니 파고드는 권위주의에 반대하는 목소리가 높아지고 있다. 도널드 트럼프에 반대하는 여성행진은 미국 역사상 가장 규모가 큰 시위였으며, 연이어 전 세계로 퍼져나갔다. 폴란드와 인도 같은 나라들에서도 법치 보호와 소수집단의 권리를 요구하는 시위들이 일어나고 있다. 민주주의 통치제도를 훼손하려고 하는 시도들을 저지하기 위해서는 이러한 시민사회 행동이 반드시 필요하다. 시민참여는 민주주의의 심장과도 같기 때문이다.

유럽에서는 비자유주의 정치를 키운 포퓰리즘 집단들의 상승세가 어느 정도 진정 국면에 접어든 것처럼 보인다. 또한 트럼프가 대통령이 되고 난 이후에 실시된 선거들에서 다양한 정당들이 포퓰리즘 정당을 저지시키고 있는 모습도 확인할 수 있다. 그러나 이것이 민주주의 국가들에게 '평상시 행동'으로 되돌아가도 좋다는 신호는 아니다. 만약 우리가 민주주의의 성공을 진심으로 바란다면, 한계들을 극복해야만 한다.

D

무엇보다, 민주주의에 대한 우리의 생각을 바꿀 필요가 있다.

여전히 많은 사람이 민주주의를 다수의 지지나 의지와 같은 것이라고 단순하게 생각하는 경향이 있다. 물론, 선거와 대중의 지지는 민주주의를 움직이는 기본 요소다. 하지만 민주주의에는 이 못지않게 중요한 다른 부분들도 존재한다.

민주주의가 작동하기 위해서는 모든 사회구성원의 기본적인 인권이 보호되어야 한다. 또한 법치가 실현되어야 하며, 이를 뒷받침하기 위해 사법부의 독립성과 언론의 자유가 보장되어야 한다. 나아가 모든 시민은 어떤 견해를 가지고 있느냐와 무관하게, 정치와 시민활동에 참여할 수 있는 기회를 보장받아야 한다. 대중의 지지는 민주주의 체계를 구성하는 한 부분일 뿐이다.

A 2014년 개봉한 〈라이엇 클럽Riot Club〉은 옥스퍼드대학교에 오래 전부터 내려오는 엘리트 사교클럽에 대한 이야기다. 이들은 쾌락주의를 자랑으로 여기며, 유력 정치인들과도 친분이 깊다. 영화는 불링던 클럽Bullingdon Club의 실화에 기초해서 만들어졌다는 이야기가 있다.

B 리처드 빌링햄의 사진집《레이의 웃음Ray's a Laugh》에 실린 1996년 '무제Untitled'라는 제목의 사진. 사진집은 빌링햄이 자신의 부모인 엘리자베스와 레이의 일상을 포착한 사진들로 채워져 있다. 사진 속 부부는 레이의 알코올 중독으로 빈곤하게 사는 모습이다.

A

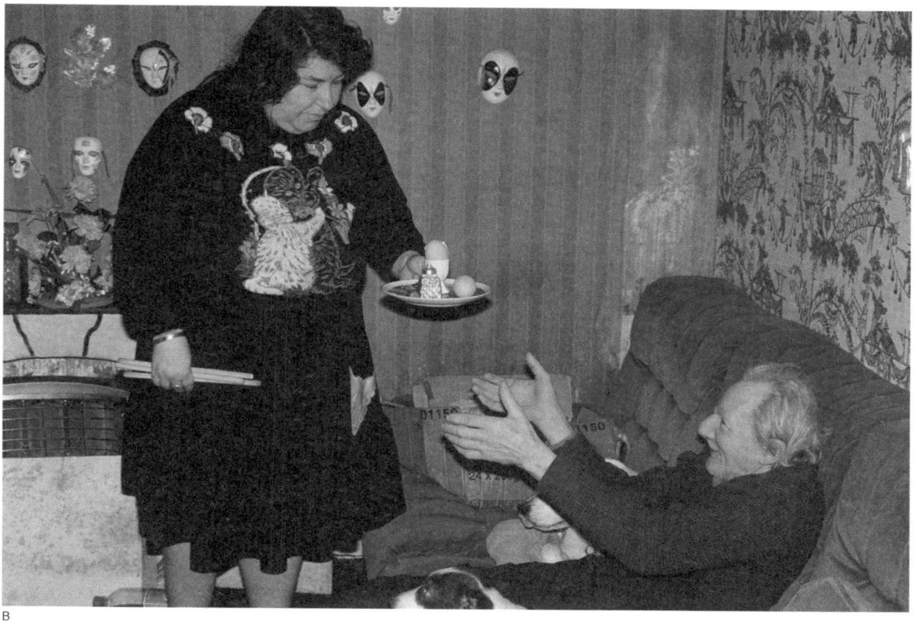

B

오늘날 민주주의가 위협받는 이유는 바로 이 하나가 다른 부분들을 훼손하기 위한 근거로 이용되기 때문이다. 그러므로 우리는 사고를 전환하여, 민주주의를 지탱하는 서로 다른 기둥들 모두가 중요한다는 사실을 인정할 필요가 있다.

부, 소득, 기회에서 나타나는 심각한 불평등 또한 신속하게 해결해야 한다. 불평등의 증가는 민주주의를 위험에 빠뜨리는 주요한 원인이다. 민주주의가 살아남기를 원한다면, 사회 구성원들(특히, 최악의 상황에 처한 사람들)이 직면한 경제 문제들을 해결해야 한다. 따라서 저소득층의 삶의 질을 무엇보다 먼저 개선해야 한다. 민주주의가 부자들의 손에 납치되지 않도록 하는 것이 관건이다. 또한, 정부의 힘이 묶여서 다양한 사회집단에 혜택이 돌아가지 못하는 일이 발생해서도 안 된다.

민주주의는 여전히 이러한 변화를 달성할 수 있는 최고의 통치방식이다. 민주주의를 지키기 위해서는 민주 절차를 심화하고 강화해야 한다. 2008년 금융위기 이후 민주주의를 위태롭게 하는 위협은 민주주의의 토대가 취약하다는 사실을 여실히 드러냈다. 기초를 튼튼히 하기 위해서는 시민들이 민주주의 정치에 참여하려는 노력을 더 많이 기울여야 한다. 그러다 보면 민주 절차도 지속적으로 개선될 것이기 때문이다.

민주 절차를 개선하려고 노력하는 것 자체가 민주주의의 핵심이다. 19세기 중반 토크빌이 미국의 민주주의가 어떻게 성공을 거두었는지에 관해 썼던 바로 그 시기에도, 여전히 많은 사람이 노예 상태에 있었으며 여성은 아무런 정치 권리도 행사하지 못했다. 실제로, 미국에서 노예제가 폐지된 것은 100년도 더 전의 일이지만, 여성이 참정권을 얻게 된 것은 대략 50년 전이며, 1965년 투표권법의 통과로 모든 미국인이 투표권을 보장받게 된 것은 고작 30년 밖에 되지 않았다. 이 모든 변화는 엄청난 고군분투 끝에 얻은 결과들이었다.

민주주의가 가장 효과적인 국가 운영방식인 이유는 사람들에게 자신들이 직면한 문제를 해결할 수 있는 공간과 기회를 제공하기 때문이다.

A

A 진보정당인 팔리코트 운동Palikot Movement 소속 하원의원들이 2012년 위조 및 불법복제 방지협정Anti-Counterfeiting Trade Agreement에 서명한 폴란드 정부에 항의하기 위해 마스크를 쓰고 있다. 많은 사람들이 이 협정으로 인터넷 검열이 강화될 것이라고 생각했다. 가이 포크스Guy Fawkes 마스크는 정치적 저항의 상징이 되었다.

B 2009년 칸다하르에서 부르카burqa를 쓴 여성들이 투표하는 모습. 아프가니스탄에 역사상 두 번째로 실시되는 대통령 선거를 위해 투표소가 열렸고, 투표를 방해하겠다는 탈레반의 위협을 차단하기 위해 엄중한 보안이 이루어지는 가운데 선거가 실시되었다.

C 베일로 얼굴을 완전히 가린 이라크 여성들이 2014년 미군이 철수하고 나서 처음 치러지는 이라크 국회의원 선거에서 투표한 후 잉크가 묻은 손가락을 들어 승리의 사인을 하고 있다.

B

C

민주주의의 역사를 돌이켜보면 사람들은 사회에 변화를 요구해왔고, 이 변화는 민주적 절차들을 통해 달성되어 왔다는 사실을 알 수 있다. 민주주의는 개인의 자유, 지속적 번영, 평화와 존엄을 실현하는 과정에서 달성되어 왔다. 하지만 가야 할 길은 여전히 멀다. 앞으로도 우리는 안보 위협, 경제적 어려움, 기후변화 등에 따른 장애물들을 계속 넘어야 한다.

건강한 민주주의만이 이러한 도전들을 해결할 수 있을 것이다.

참고 문헌

Acemoğlu, Daron and Robinson, James A., *Why Nations Fail: The Origins of Power, Prosperity and Poverty* (London: Profile, 2012)

Arendt, Hannah, *The Origins of Totalitarianism* (New York: Penguin Books, 2017 [1951])

Bitar, Sergio, and Lowenthal, Abraham F., *Democratic Transitions: Conversations with World Leaders* (Baltimore: John Hopkins University Press, 2015)

Bose, Sumantra, *Transforming India: Challenges to the World's Largest Democracy* (Cambridge, MA: Harvard University Press, 2013)

Brennan, Jason, *Against Democracy* (Princeton, Princeton University Press, 2016)

Cheeseman, Nic, *Democracy in Africa: Successes, Failures and the Struggle for Political Reform* (Cambridge: Cambridge University Press, 2015)

Chomsky, Noam and Herman, Edward, S., *Manufacturing Consent: The Political Economy of the Mass Media* (New York: Pantheon, 1988)

Collier, Ruth Berins, *Paths toward Democracy: The Working Class and Elites in Western Europe and South America* (Cambridge: Cambridge University Press, 1999)

Dahl, Robert A., *Democracy and its Critics* (New Haven: Yale University Press, 1989)

De Tocqueville, Alexis *Democracy in America: and Two Essays on America* (London: Penguin Books, 2003 [1835])

Diamond, Larry, *The Spirit of Democracy: The Struggle to Build Free Societies Throughout the World* (New York: Holt and Co., 2008)

Fanon, Frantz, *The Wretched of the Earth* (London: Penguin Books, 2001 [1961])

Fukuyama, Francis, *The End of History and the Last Man* (London: Penguin Books, 1992)

Grayling, A.C., *Democracy and Its Crisis* (London: Oneworld, 2017)

Hay, Colin, *Why We Hate Politics* (Cambridge: Polity, 2007)

Hayek, Friedrich A., *The Road to Serfdom* (London: Routledge, 2001 [1944])

Haynes, Jeff, *Democracy in the Developing World: Africa, Asia, Latin America and the Middle East* (Cambridge: Polity, 2001)

Held, David, *Models of Democracy* (Cambridge: Polity, 1987)

Hunt, Lynn, *Inventing Human Rights: A History* (W. W. Norton & Co., 2007)

Huntington, Samuel P., *The Third Wave: Democratization in the Late Twentieth Century* (Norman: University of Oklahoma Press, 1991)

Jones, Owen, *The Establishment: And How They Get Away With It* (London: Penguin Books, 2014)

Mandela, Nelson R., *Long Walk to Freedom: The Autobiography of Nelson Mandela* (London: Bayback Books, 1994)

Mansbridge, Jane J., *Beyond Adversary Democracy* (Chicago: University of Chicago Press, 1980)

Milanovic, Branko, *The Haves and the Have-Nots: A Brief and Idiosyncratic History of Global Inequality* (New York: Basic Books, 2011)

Moore, Barrington, *The Social Origins of Dictatorship and Democracy: Lord and Peasant in the Making of the Modern World* (Boston: Beacon Press, 1966)

Mounk, Yascha, *The People vs. Democracy: Why Our Freedom* *is in Danger and How to Save It* (Cambridge: Harvard University Press, 2018)

North, Douglass C., Wallis, John Joseph and Weingast, Barry R., *Violence and Social Orders: A Conceptual Framework for Interpreting Recorded Human History* (Cambridge: Cambridge University Press, 2013)

Nussbaum, Martha C., *Not for Profit: Why Democracy Needs the Humanities* (Princeton, Princeton University Press, 2010)

Phillips, Anne, *Engendering Democracy* (Philadelphia: Pennsylvania University Press, 1991)
Plato, *The Republic* (New Haven: Yale University Press, 2006)

Przeworski, Adam, Alvarez, Michael E., Cheibub, José Antonio and Limongi, Fernando, *Democracy and Development: Political Institutions and Well-Being in the World, 1950–1990* (Cambridge: Cambridge University Press, 2000)

Putnam, Robert D., *Bowling Alone: The Collapse and Revival of American Community* (New York: Simon & Schuster, 2000)

Rice, Condoleezza, *Democracy: Stories from the Long Road to Freedom* (New York: Twelve, 2017)

Rodrik, Dani, *The Globalization Paradox: Why Global Markets, States and Democracy Can't Coexist* (Oxford: Oxford University Press, 2011)

Roy, Arundhati, *Field Notes on Democracy: Listening to Grasshoppers* (Chicago: Haymarket Books, 2009)

Schumpeter, Joseph A. *Capitalism, Socialism and Democracy* (Abingdon: Routledge, 2013 [1942])
Sharp, Gene, *From Dictatorship to Democracy: A Conceptual Framework for Liberation* (Boston: The Albert Einstein Institute, 1994)

Sen, Amartya, *Development as Freedom* (Oxford: Oxford University Press, 1999)

Skocpol, Theda, *Diminished Democracy: From Membership to Management in American Civic Life* (Norman: University of Oklahoma Press, 2003)

Tilly, Charles, *Democracy* (Cambridge: Cambridge University Press, 2007)

Varoufakis, Yanis, *And the Weak Suffer What They Must? Europe's Crisis and America's Economic Future* (London: The Bodley Head, 2016)

West, Cornel, *Democracy Matters: Winning the Fight Against Imperialism* (New York: Penguin Books, 2004)

Zakaria, Fareed, *The Future of Freedom: Illiberal Democracy at Home and Abroad* (New York: W. W. Norton & Co., 2003)

사진 출처

Every effort has been made to locate and credit copyright holders of the material reproduced in this book.
The author and publisher apologize for any omissions or errors, which can be corrected in future editions.

a = above, b = below,
c = centre, l = left, r = right

2 Tim Stubbings / Alamy Stock Photo
4–5 Liu Xingzhe / VCG via Getty Images
6–7 Photos 12 Archive / Diomedia
8 a Popperfoto / Getty Images
8 b Everett Collection Inc / Alamy Stock Photo
9 Bettmann / Getty Images
10 Jonas Gratzer / LightRocket via Getty Images
11 Liu Xingzhe / VCG via Getty Images
12 Library of Congress, Washington, D.C.
13 Library of Congress, Washington, D.C.
14 Otto Herschan / Getty Images
15 Paula Bronstein / Getty Images
16–17 Musée du Louvre, Paris
18 Beinecke Rare Book & Manuscript Library, Yale University
19 Musée d'Orsay, Paris
20 Beinecke Rare Book & Manuscript Library, Yale University
21 Courtesy Ahmed Kathrada Foundation. Photo Herb Shore
22 l Universal Images Group / Diomedia
22 r Aristotelis Sarrikostas
23 Palazzo Madama, Rome
24 Piers Howell / Alamy Stock Photo
25 l From *Oscar II En Lefvandsteckning*, Andreas Hasselgren, 1908, Stockholm
25 r Stockholm Stadtmuseet
26 British Library, London
27 British Library, London
28 Ian Dagnall / Alamy Stock Photo
29 l Private collection
29 r State Hermitage, St Petersburg
30 Musée Carnavalet, Paris
31 SuperStock RM / Diomedia
32 VintageCorner / Alamy Stock Photo
33 Classic Image / Alamy Stock Photo
34 Archive Pics / Alamy Stock Photo
35 Keystone / Hulton Archive / Getty Images
36 Private collection
37 Popperfoto / Getty Images
38 Pictorial Press Ltd / Alamy Stock Photo
39 a Keystone / Getty Images
39 bl, bc Pictorial Press Ltd / Alamy Stock Photo
39 br Everett Collection Historical / Alamy Stock Photo
40 NARA / Franklin D. Roosevelt Library (NLFDR), New York
41 Mark Kauffman / The LIFE Picture Collection / Getty Images
42 akg-images / GandhiServe e.K.
43 a Popperfoto / Getty Images
43 b Universal Images Group / Diomedia
44 Elliott Erwitt / Magnum
45 AFP / Getty Images
46 l Chris Niedenthal / The LIFE Images Collection / Getty Images
46 r Wojtek Laski / East News / Getty Images
47 Aizar Raldes / AFP / Getty Images
48 Denis Farrell / AP / Rex / Shutterstock
49 al Jonathan Rashad / Getty Images
49 ar Mosa'ab Elshamy / Getty Images
49 bl Mohammed Abed / AFP / Getty Images
49 br Claudia Wiens / Alamy Stock Photo
50–51 Charles Platiau / Reuters
54 l Heritage Image Partnership Ltd / Alamy Stock Photo
54 r Private collection
55 l Courtesy William F. and Harriet Fast Scott Soviet Military and Cold War Collection, University of Kentucky Libraries, Lexington
55 r Private collection
56 l, ar Shiv Kiran / Fseven Photographers
56 br STR / AFP / Getty Images
57 Alberto Tamargo / Getty Images
58 Banaras Khan / AFP / Getty Images
59 Geoff Wilkinson / Rex / Shutterstock
60 l, r Amnesty International
61 World Wide Views. Photo Lamiot
62 Colin Davey / Getty Images
63 Lee Bob Black
64 l, r *International New York Times*
65 a Keystone / Getty Images
65 b © Philip Wolmuth
67 Giorgio Cosulich / Getty Images
68 Bettmann / Getty Images
69 a Blank Archives / Getty Images
69 b John Bryson / The LIFE Images Collection / Getty Images
70 Bettmann / Getty Images
71 Daniel Arnerius / Alamy Stock Photo
72 l Private collection
72 c Design by Leslie Holland
72 r Granger Historical Picture Archive / Alamy Stock Photo
73 Robert Preston Photography /

Alamy Stock Photo
74 a, b Courtesy of the author
75 a John Wessels / AFP / Getty Images
75 b Gwenn Dubourthoumieu
76 Zuma Press / Diomedia
77 Express / Getty Images
78 Régis Bossu / Sygma via Getty Images
79 Filippo Minelli
80–81 eflon
82 Democracy Spring , democracyspring.org
83 Peter Macdiarmid / Getty Images
85 Australian Broadcasting Corporation, abc.net.au
86 Johnny Miller / Unequal Scenes
87 Matteo de Mayda
88 l, r Pius Utomi / AFP / Getty Images
90 Ben Pruchnie / Getty Images
91 Lukas Schulze / Getty Images
92–93 a Private collection
92–93 b Johnx85dt
94 Akintunde Akinleye / Reuters
95 Dado Ruvic / Reuters
96 Renzo Lucioni
98 a Dan Kitwood / Getty Images
98 b Mick Tsikas / EPA / Rex / Shutterstock
99 Xinhua News Agency / Rex / Shutterstock
100 l, r Illustrations by Tomi Ungerer, from Tomi Ungerer: Poster © 1994 Diogenes Verlag AG Zurich, Switzerland. All rights reserved
101 b Steve Bell
102 Marco Ugarte / AFP / Getty Images
103 l, r AFP / Getty Images
104 l Bettmann / Getty Images
104 r Private collection
106–107 Spencer Platt / Getty Images
108 Aijaz Rahi / Rex / Shutterstock
109 Adem Altan / AFP / Getty Images
110 a Sean Gallup / Getty Images
110 c Alexander Koerner / Getty Images
110 b Diyarbakir Prison, Turkey
111 Mural by Mindaugus Bonanu
112 Rhona Wise / AFP / Getty Images
114 Darko Dozet / EPA / Rex / Shutterstock
115 UK Independence Party
117 Everett Collection Inc / Alamy Stock Photo
118 a Justin Sullivan / Getty Images
118 b Bloomsbury's, Abu Dhabi, ilovebloomsburys.com
120 Sipa Press / Rex / Shutterstock
122 a Bill Pugliano / Getty Images
122 Ground Zero mosque protest, New York
123 Council on American-Islamic Relations, cair.com
124 chrisdorney / Shutterstock
125 Coaster / Alamy Stock Photo
126 Courtesy School of Visual Arts Products of Design Department, New York
127 Courtesy www.barneteye.blogspot.com
128–129 Chuck Fishman / Getty Images
130 l, c, r *We The People* by Shepard Fairey for AMPLIFIER.ORG
131 Rafiquar Rahman / Reuters
132 Publicity still, *The Riot Club* (2014), dir. Lone Scherfig
133 Richard Billingham, Untitled, 1996. Colour photograph mounted on aluminium, 105 x 158 cm, RGRB1066. Courtesy Anthony Reynolds Gallery, London. © the artist
134 East News / Rex / Shutterstock
135 a Banaras Khan / AFP / Getty Images
135 b Sabah Arar / AFP / Getty Images

색인

진하게 표시한 페이지는 도판 참조.

옮긴이 이혜경

고려대학교 대학원 사회학과에서 석사와 박사 학위를 취득했다. 대진대학교 사회복지학과 초빙교수, 서울시립대학교 경제학부 BK21 연구교수를 지냈고, 현재 고려대학교에서 강의하고 있다.《사회문제론》이라는 책을 함께 썼고, 바른번역 소속 번역가로 《시민사회와 정치이론 1·2》,《사회이론의 역사》,《사회변동의 비교사회학》,《저항은 예술이다》,《음식의 문화학》을 공역했다.

민주주의는 실패했는가?

신지식교양인을 위한 민주주의 입문서

초판 1쇄 발행 2019년 9월 10일
초판 2쇄 인쇄 2021년 11월 10일 **초판 2쇄 발행** 2021년 11월 20일

지은이 니이에르 다산디 **옮긴이** 이혜경 **편집** 매튜 테일러

펴낸이 김지은 **펴낸곳** 자유의 길 **출판등록** 제2017-000167호
전화 031-816-7431 **팩스** 031-816-7430 **이메일** bookbear1@naver.com
홈페이지 https://www.bookbear.co.kr

ISBN 979-11-965625-4-0 (04300)
ISBN 979-11-965625-8-8 (04080)

민주주의 연표 Milestones

1772 BC	바빌론의 함무라비법전으로 '눈에는 눈' 법률원칙 확립.
594 BC	시민들이 불안에 떨던 시기가 지나고, 솔론Solon이 아테네 민주주의의 토대를 마련.
c. 850 AD	스칸디나비아지역에 싱thing과 알싱althing(공동체 운영 평의회) 수립.
1215	잉글랜드의 존 왕이 대헌장 마그나카르타Magna Carta에 서명.
c. 1250	루이 9세가 통치하던 프랑스에서 최초로 상설의회가 설치.
1265	영국에서 최초로 대의제 의회 설립.
1294	슈비츠에서 최초의 민주 평의회(현 스위스 칸톤 연방의 전신) 개최.
1620	메이플라워 서약으로 미래의 북아메리카 정부가 다수결원리에 기초할 것임을 천명.
1776	북아메리카 식민지들이 영국으로부터 독립 선언.
1788	독립 연방주들이 미합중국 헌법을 비준.
1789	프랑스 신분제의회 삼부회Estates-General가 1614년 이후 처음으로 회의 재개.
1789	프랑스에서 인간과 시민의 권리선언Rights of Man and of the Citizen(인권선언) 공포.
1791	투생 루베르튀르Toussaint L'Ouverture가 이끈 혁명으로, 아이티에 자유공화국 수립.
1804	나폴레옹 보나파르트Napoleon Bonaparte가 프랑스 국민의 압도적 지지로 황제 등극.
1821	시몬 볼리바르Simón Bolívar의 지휘 아래, 베네수엘라 독립혁명 발발.
1822	안토니오 호세 데 수크레Antonio José de Sucre가 주도한 혁명으로, 에콰도르가 스페인으로부터 독립.
1830	벨기에가 네덜란드 연합왕국United Kingdom of the Netherland으로부터 독립 선언.
1848	프랑스, 독일, 덴마크, 헝가리를 비롯한 유럽 전역에서 혁명 발생.
1914-1918	유럽 전체에 감돌던 긴장이 제1차 세계대전으로 폭발.
1933	아돌프 히틀러Adolf Hitler가 독일 수상으로 지명됨.
1939	프란시스 프랑코 총통General Franco이 스페인에서 군사 독재정권 수립.
1946	제2차 세계대전이 끝나고 일본에 새로운 평화헌법 제정.
1948	국제연합 총회에서 세계 인권선언Universal Declaration of Human Rights이 통과됨.
1948	이스라엘에 중동 최초의 민주주의국가 수립.
1950	영국으로부터 독립한 인도에서 민주공화국 수립.
1964	미합중국에서 민권법Civil Rights Act 제정.
1972	워터게이트사건으로 미합중국 헌정질서에 위기 발생.
1978	1975년에 프랑코 총통 사망 후, 새로운 스페인헌법 제정.
1989	중국에서 민주 개혁을 요구하는 천안문광장 시위 발생.
1989	베를린장벽 붕괴.
1993	마스트리히트조약Maastricht Treaty으로 유럽연합 결성.
1994	넬슨 만델라가 남아프리카공화국 대통령에 당선.
1996	신헌법 제정 후 남아프리카공화국의 인종분리정책 아파르트헤이트apartheid 폐지.
2011	아랍의 봄Arab Spring 민주화운동으로 많은 아랍국가의 시민들이 민주 권리 요구.
2016	영국의 유럽연합 탈퇴Brexit가 국민투표로 통과.
2017	도널드 트럼프Donald Trump가 미합중국 대통령으로 취임.